BRITTANY

Tradition et Modernité

Jean-Yves Cousquer
and Jeanine Picard

PUBLISHED BY
BRISTOL CLASSICAL PRESS

Cover photograph: © Jos Le Doaré

First published in 1996 by
Bristol Classical Press
an imprint of
Gerald Duckworth & Co. Ltd
The Old Piano Factory
48 Hoxton Square, London N1 6PB

© 1996 by J-Y Cousquer & J. Picard

All rights reserved. No part of this publication
may be reproduced, stored in a retrieval system, or
transmitted, in any form or by any means, electronic,
mechanical, photocopying, recording or otherwise,
without the prior permission of the publisher.

A catalogue record for this book is available
from the British Library

ISBN 1-85399-395-6

Printed in Great Britain by
Cromwell Press, Melksham

TABLE DES MATIÈRES

Introduction: Qu'est-ce que la Bretagne? v

Première partie: Identité

    Chapitre un: Le passé 3
    Chapitre deux: La Bretagne contre Paris 14
    Chapitre trois: Foi et Bretagne 27
    Chapitre quatre: La langue bretonne 38
    Chapitre cinq: Être breton aujourd'hui 55

Deuxième partie: L'économie bretonne

    Chapitre six: La révolution agricole 67
    Chapitre sept: Le réveil industriel 79
    Chapitre huit: La mer 90
    Chapitre neuf: La vocation touristique 103
    Chapitre dix: Désenclavement 116

Conclusion: Vivre et travailler en Bretagne 127

Glossaire: Mots signalés par * 129

Quelques mots bretons 131

Bibliographie
  Ouvrages consultés 132
  Lectures recommandées 133

Remerciements 134

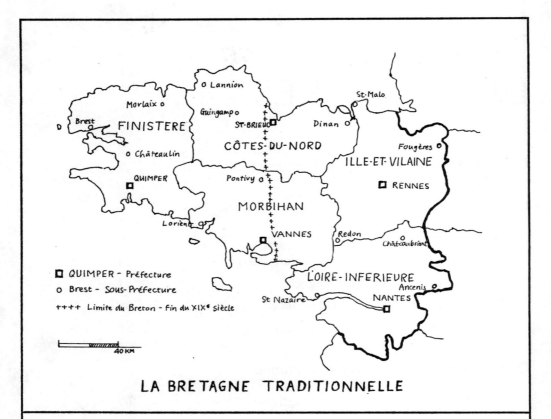

LA BRETAGNE TRADITIONNELLE

LA FRANCE DES RÉGIONS
LA BRETAGNE MODERNE

INTRODUCTION

Qu'est-ce que la Bretagne? C'est d'abord un territoire situé à la pointe occidentale de la France et du continent européen, baigné et battu par la mer sur trois de ses côtés; une **péninsule** donc, aisément repérable sur n'importe quelle carte, et sans laquelle la France cesserait d'être 'hexagone'. Aucune autre province française ne bénéficie d'une telle visibilité!

Et pourtant, le territoire appelé Bretagne est plus que jamais difficile à définir.

• *Bretagne historique, départements et Région Bretagne*

Indépendante jusqu'à son rattachement à la France en 1532, puis **province** conservant une relative autonomie jusqu'à la Révolution française de 1789, la **Bretagne historique** disparaît alors, démembrée et découpée, comme les autres provinces françaises, en **départements**. Ces entités administratives, qui existent toujours aujourd'hui, ont pour nom:

- l'Ille-et-Vilaine (chef-lieu: Rennes)
- la Loire-Atlantique (chef-lieu: Nantes)
- le Morbihan (chef-lieu: Vannes)
- les Côtes-d'Armor (chef-lieu: Saint-Brieuc)
- le Finistère (chef-lieu: Quimper)

La Bretagne réapparaît cependant à partir de 1959 avec la mise en place progressive, sur le territoire français, de nouvelles unités administratives: les régions. La nouvelle **Région Bretagne** compte seulement quatre départements: Nantes et la Loire-Atlantique sont séparées de la Bretagne pour être intégrées à la région Pays de la Loire. Alors, qu'appelle-t-on Bretagne aujourd'hui?

En Bretagne peut-être plus qu'ailleurs, les anciennes réalités territoriales survivent longtemps après leur disparition officielle, décrétée par un pouvoir central qui se soucie peu de respecter l'histoire. En effet, la Bretagne historique à cinq départements reste la *vraie* Bretagne dans la conscience populaire: aller en vacances à La Baule (Loire-Atlantique), c'est aller en Bretagne. En outre, c'est la Bretagne historique que géographes et historiens continuent d'étudier.

Au contraire, la Région Bretagne, avec ses structures administratives et politiques, sert de cadre aux travaux des économistes: les statistiques officielles se réfèrent en effet à la Bretagne à quatre départements.

1 J. Martay in *Le problème breton et la réforme de la France* (1947)

Nous n'avons pas cru bon ici de lever une ambiguïté qui fait partie du 'problème breton'[1]: c'est à la Région Bretagne que se réfèrent dans ce livre les chapitres sur l'économie bretonne. A l'opposé, la Bretagne historique pouvait seule être l'objet des chapitres traitant de l'identité de la Bretagne.

2 sometimes spelt with 's' in the plural

• *Bretagne ou 'Bretagnes'*[2]?

La Bretagne a été et demeure une terre de contrastes et de diversité. Plus de 200 années d'existence n'ont pas permis aux départements d'effacer les multiples territoires que les hommes et le temps ont créés.

Basse-Bretagne et Haute-Bretagne
Il faut d'abord distinguer une **Basse-Bretagne*** (*Breizh Izel* en breton) à l'ouest, d'une **Haute-Bretagne***, située à l'est d'une ligne allant approximativement de Saint-Brieuc à Vannes. La division est essentiellement d'ordre linguistique et culturel.

La Basse-Bretagne, de culture celtique, où le breton est toujours parlé, a le moins subi l'influence française. Son économie souffre encore aujourd'hui de sa situation périphérique.

La Haute-Bretagne a toujours été plus ouverte aux influences continentales et françaises, tant culturelles que linguistiques. C'est ainsi qu'on n'a jamais parlé breton à Nantes ou à Rennes, les deux capitales historiques de la Bretagne.

Armor et Argoat
Un second contraste oppose l'**Armor*** (pays de la mer) et l'**Argoat*** (littéralement: pays de la forêt).

3 coastal

D'un côté, une frange littorale[3] tournée vers la mer et les activités qui lui sont liées, tirant de cette proximité une culture maritime qui lui est propre: aventures lointaines, naufrages, légendes de la mer, chansons de matelots, etc. L'Armor est depuis toujours plus peuplée, et toutes les grandes villes bretonnes à l'exception de Rennes y sont situées.

De l'autre, une Bretagne intérieure rurale, qui tourne le dos à la mer et a peur de se mouiller les pieds, moins peuplée et continuant de se dépeupler, de culture essentiellement paysanne.

Les Pays
Remarquable diversité des territoires de Bretagne: le Léon, le Trégor, la Cornouaille... sont d'anciens évêchés qui remontent aux origines de la Bretagne et qui ont été supprimés sous la Révolution, il y a plus de 200 ans. Leur ancienne fonction a souvent été oubliée, et pourtant ils continuent de vivre et de se distinguer aujourd'hui par des tempéraments et des comportements spécifiques.

Au niveau local enfin, la Bretagne est divisée en une véritable mosaïque de **pays**, petits territoires auxquels les générations ont donné un caractère et une identité au cours du temps: pays bigouden, pays de Redon, pays de Dinan, etc.

Ainsi, il existe à la fois une Bretagne et des 'Bretagnes'. Identités multiples qui peuvent s'emboîter les unes dans les autres comme des poupées russes et se renforcer mutuellement: lorsqu'on est de la commune (ou de la 'paroisse', comme on disait autrefois) de Pouldreuzic, alors on est un vrai Bigouden, un vrai Cornouaillais, et donc un vrai Breton! Identités qui sont aussi sources de rivalités: dans le Finistère, les querelles entre nord et sud, entre Léonards et Cornouaillais ne cessent d'animer la vie politique du département. La concurrence entre villes est aussi très vive comme dans le cas de Rennes et Nantes, de Brest et Quimper.

- *Tradition et modernité*

Le thème choisi pour cette étude pourrait s'appliquer à n'importe quelle autre région de France. Il est cependant particulièrement pertinent dans le cas de la Bretagne. Celle-ci a longtemps vécu dans un profond isolement culturel et économique. A partir des années 50, cependant, les Bretons se sont réveillés. La résignation d'autrefois a fait place à un nouveau dynamisme. En quelques dizaines d'années, la Bretagne a connu une véritable mutation économique. Dans aucune autre région, le choc entre tradition et modernité n'a été aussi brutal. C'est le passage d'une ancienne à une nouvelle identité, d'une économie archaïque à une économie moderne qui constitue le sujet de cet ouvrage.

PREMIÈRE PARTIE

Identité

1 LE PASSÉ

Les vrais hommes de progrès sont ceux qui ont pour point de départ un respect profond du passé.[1]
   Renan, *Souvenirs d'enfance et de jeunesse*, 1883.

[1] in B. Cousin, *A l'ouest, du nouveau*, 1990

Par sa position à l'extrémité occidentale du continent européen, la Bretagne semble loin de tout, région périphérique, bout du monde, *Finistère*.[2] Les Finistériens ont cependant traduit en breton le nom de leur département par *Penn ar bed*, qui signifie la tête du monde: non pas la fin, mais le début du monde, ouvert par la mer aux pays lointains, idéalement situé pour servir de carrefour entre l'Europe du nord et celle du sud. Cette erreur délibérée de traduction est révélatrice: au cours de son histoire, la Bretagne a été tour à tour 'Finistère' et 'Penn ar bed'. Elle a connu des époques où sa vocation maritime lui a permis de prospérer, et des périodes d'isolement et de déclin.

[2] from latin *finis terrae*, land's end

AVANT LES CELTES: L'ÈRE DES MÉGALITHES

La civilisation mégalithique, qui s'est répandue en Europe occidentale entre le **quatrième et le second millénaire** avant notre ère, a laissé de nombreux exemples de ses monuments en Bretagne:

les menhirs sont des pierres dressées, soit isolées, soit en cercle, soit encore en alignements: les alignements de Carnac, dans le Morbihan, comptent près de 1 200 pierres dressées.

les dolmens sont des tables de pierre qui abritaient des tombes collectives ou servaient de lieux de culte.

Le transport et l'érection de ces pierres, qui pouvaient peser jusqu'à 300 tonnes, étaient un miracle technique que seule une société déjà évoluée pouvait accomplir.

> Dolmens et menhirs ne disent rien sur la Bretagne et ses habitants; par leur mystère, ils ont cependant leur place dans les croyances, contes et légendes dont la Bretagne est fertile:
>> Les dolmens sont restés dans la tradition populaire les demeures des fées et des lutins[3], gouvernés par une puissante reine, déesse de la mort et de la fécondité.
>
> Quant aux menhirs, ils abritent les âmes des trépassés[4], qui attendent de pouvoir renaître dans le corps d'un nouveau-né. C'est pourquoi, jusqu'au siècle dernier, les jeunes femmes qui voulaient obtenir la fécondité, se frottaient le ventre contre un menhir afin 'd'attirer en elles l'âme d'un ancêtre en état de renaître'.
>
> (Y. Brekilien, *Histoire de la Bretagne*, Hachette, 1977)

3 goblins

4 the dead

LES CELTES

Entre le 6ème et le 4ème siècle avant JC, apparaît une nouvelle civilisation dominante qui maîtrise la métallurgie du fer: venus de l'Est, les Celtes occupent la majeure partie de l'Europe, y compris les Iles britanniques et l'actuelle Bretagne, qui prend alors le nom d'**Armorique** ('qui est devant la mer').

Les deux côtés de la Manche partagent alors la même langue et la même religion druidique. Habiles au travail des métaux, bons navigateurs, les Celtes d'Armorique sont bien placés pour développer de fructueux échanges commerciaux avec les Iles britanniques, la péninsule ibérique, et même le monde méditerranéen (poteries et céramique, étain[5], cuivre, etc.). Loin d'être un fossé, la mer constitue un trait d'union entre les peuples de la Manche et de la façade atlantique. L'Armorique connaît une période florissante qui atteint son apogée au 3ème siècle avant JC.

5 tin

> Les Celtes n'ont survécu jusqu'à nos jours que dans un petit nombre de pays ou régions, qui vivent séparés par la mer et l'histoire: l'Ecosse, le Pays de Galles, la Cornouailles anglaise, l'Irlande, l'Ile de Man, la Bretagne, la Galice et les Asturies. Par leur culture, ils gardent cependant le souvenir de leur origine commune. Les grandes fêtes folkloriques bretonnes, tel le *Festival Interceltique de Lorient*, leur donne l'occasion de se retrouver et de fraterniser.

LA CONQUÊTE ROMAINE

Au cours du **premier siècle avant notre ère**, César conquiert la Gaule, y compris l'Armorique. Pendant plus de quatre siècles, celle-ci sera ainsi intégrée dans l'immense empire romain.

Le passé

> Dans ses *Commentaires*, César décrit la conquête de l'Armorique où il se heurta à une farouche résistance des **Vénètes**, peuple de marins qui occupaient la région de l'actuel Morbihan. En septembre 56 avant JC, la bataille s'engagea entre les puissants voiliers de mer des Vénètes et la flotte de César, composée de fragiles embarcations à rames. Les Vénètes semblaient devoir l'emporter facilement, jusqu'au moment où le vent tomba, immobilisant leurs vaisseaux. Profitant des caprices du climat breton, les Romains remportèrent ainsi la victoire.

Les Romains imposent leur administration, construisent des routes et édifient un certain nombre de villes: *Condate* (Rennes), *Condevicnum* (Nantes), *Vorganium* (Carhaix), *Darioritum* (Vannes) portent la trace de ces travaux d'urbanisme. Cependant, dans cette périphérie de l'Empire qu'est l'Armorique, la présence romaine est moins sensible qu'ailleurs, et seule l'infime minorité des habitants des villes est romanisée et parle le latin.

L'IMMIGRATION DES BRETONS

Entre 250 et 400, l'empire romain se désintègre, sous l'effet des invasions barbares. L'Armorique n'est pas épargnée et tombe dans l'anarchie. Pendant plusieurs siècles, son territoire sera convoité[6] par les Francs[7], et plus tard, par les Normands.

Cependant, à partir du **4ème**, et plus encore du **5ème siècle**, des **Bretons** du Pays de Galles et de Cornouailles, viennent s'installer en Armorique. Cette immigration, qui va s'étendre sur deux siècles et demi, semble s'être faite pacifiquement.

6 coveted
7 Germanic tribe from which the name France is derived

> Ces familles, clans et communautés religieuses qui débarquaient, se faisaient sans peine comprendre de leurs cousins armoricains, celtes comme eux. Déjà chrétiens, les Bretons évangélisèrent les populations locales, fondant des monastères, des paroisses, et des évêchés. Un bon nombre de ces premiers missionnaires figurent parmi les saints bretons dont le culte, qui se perpétue jusqu'à l'époque moderne, fait l'originalité du catholicisme breton: St Samson, évêque de Dol, St Tugdual, évêque de Tréguier, etc.

Ce mouvement de population est capital pour l'histoire de la Bretagne: les Bretons donneront à la fin du 6ème siècle son nom définitif à la péninsule, l'Armorique devenant **Brittania**[8] (la Bretagne). Ils vont surtout renforcer et façonner l'originalité culturelle, religieuse et linguistique que la Bretagne a préservée, tant bien que mal, jusqu'au 20ème siècle.

8 The Bretons brought the latin name with them from across the Channel

L'INSTALLATION DES BRETONS

Les Bretons s'installent surtout dans la partie nord et ouest de la péninsule, où ils fondent les principautés de Domnonée et de Cornouaille. Ils mettront plus longtemps à s'implanter au sud, dans le Vannetais, où ils se heurtent aux Francs: jusqu'à nos jours, le dialecte breton du Vannetais reste assez différent des autres dialectes bretons.

Enfin l'influence bretonne ne pénétrera pas la frange orientale de la Bretagne, qui inclut les deux capitales historiques de la Bretagne, Nantes et Rennes.

Dès les premiers siècles, on peut ainsi distinguer deux Bretagne: l'une est imprégnée d'influences celtiques, tandis que la seconde est davantage ouverte au continent et à ses apports romains, puis français.

> Les toponymes (noms de lieux) permettent de se faire une idée de l'étendue et des limites de l'influence bretonne à l'époque, et en particulier les préfixes de ces toponymes:
> - ❑ 'Plou' (paroisse): Plougastel, Plogonnec (plou de Saint Connec), Plouédern (plou de Saint Edern)...
> - ❑ 'Gui' (centre de la paroisse): Guipavas, Guisseny...
> - ❑ 'Lan' (monastère): Lannilis, Landévennec...
> - ❑ 'Tré' (village ou hameau): Trégastel, Trébeurden...
> - ❑ 'Les' (résidence seigneuriale): Lesneven, Lesconil...
>
> A partir du 10ème siècle apparaissent les toponymes en 'loc'(lieu sacré): Locronan, Loctudy..., et en 'ker' (hameau ou maison): Kerinou, Kerzévéon...

source: H. Abalain, *Destin des langues celtiques*, Ophrys, 1989

L'INDÉPENDANCE DE LA BRETAGNE

Au milieu du 8ème siècle, la Bretagne n'est toujours qu'un nom, vague région sans contours précis. Sa réalité territoriale et politique se définit progressivement du 9ème au 11ème siècle:

• *Nominoë et les Francs (9ème siècle)*

9 (pieux=pious), son of Charlemagne

De 731 à 831, les souverains francs tentent vainement de soumettre la péninsule. C'est alors que l'un d'eux, Louis le Pieux[9] (814-840), charge un aristocrate breton, Nominoë, d'exercer en son nom le pouvoir en

Le passé

Bretagne. Cependant, après la mort de Louis le Pieux, Nominoë guide la Bretagne vers l'indépendance. C'est pourquoi Nominoë est considéré comme le véritable fondateur de la Bretagne, le *Tad ar Vro* (père de la patrie). Ses successeurs, Erispoë et Salomon règnent sur un **royaume de Bretagne**, plus étendu que la Bretagne actuelle.

- *Alain Barbetorte et les Normands (10ème siècle)*

Après le péril franc, vient le péril normand: à partir de 913, les Normands envahissent et ravagent le pays. La Bretagne est cependant reconquise en 936 par Alain Barbetorte, l'un des descendants de la dynastie bretonne, qui devient **duc de Bretagne** en 938.

Dès le 10ème siècle, la **Bretagne historique** est constituée, et sa frontière orientale coïncide, à quelques détails près, avec celle de l'Ille-et-Vilaine et de la Loire-Atlantique d'aujourd'hui. La France n'existait pas encore à l'époque!

LA BRETAGNE DES DUCS (938-1532)

Pendant cette longue période, qui va de la naissance de la Bretagne à son rattachement définitif au royaume de France en 1532, les ducs de Bretagne préservent l'indépendance de leur duché tout en subissant tour à tour l'influence de leurs deux puissants voisins, les rois de France et d'Angleterre. Très tôt, les grands seigneurs bretons sont largement francisés: Alain Fergent (1084-1116) est le dernier duc de Bretagne à parler couramment le breton.

Le duché va peu à peu se renforcer pour connaître son apogée au 15ème siècle, âge d'or de la civilisation bretonne.

Après une guerre de succession meurtrière (1341-1365), la Bretagne connut un siècle de paix et de prospérité. Les ducs profitèrent de la guerre de Cent Ans (1337-1453) entre la France et l'Angleterre pour affirmer leur autonomie et renforcer leur autorité sur le duché.

Ils faisaient alors figure de véritables monarques d'un **Etat breton**: ils intervenaient dans tous les domaines (monnaie, impôts, justice, diplomatie, affaires militaires, etc.), entretenaient une cour somptueuse, et faisaient appel aux chroniqueurs pour célébrer le passé glorieux des ducs de Bretagne et développer un sentiment national breton.

Période faste[10] pour l'économie bretonne, également: située en position d'intermédiaire entre la péninsule ibérique et l'Europe du Nord-Ouest, la Bretagne avait un commerce maritime florissant. L'Espagne et le Portugal, enrichis par l'or des Amériques, achetaient le poisson breton, conservé au sel. Les bateaux bretons ramenaient vers l'Angleterre des cargaisons de vin et de porto. Là, ils chargeaient de la laine, vendue ensuite dans la région de Rouen pour le tissage.

Période faste, enfin pour l'art breton, essentiellement religieux: les 15ème et 16ème siècles virent une floraison de constructions d'églises, de chapelles et de calvaires[11].

10 **prosperous**

11 sculptures depicting scenes from the Crucifixion

LE RATTACHEMENT À LA FRANCE

Une fois la guerre de Cent Ans terminée (1453), les rois de France ne tardent pas à convoiter la Bretagne, qui n'est plus en mesure de leur résister. En 1488, les troupes bretonnes sont battues à Saint-Aubin-du-Cormier par l'armée royale. Le duc François II signe la paix, acceptant de ne pas marier sa fille Anne, héritière du duché de Bretagne, sans le consentement du roi de France.

Celle-ci, qui n'a que douze ans, désobéit et se marie en 1490 par procuration[12] avec un prince autrichien. La guerre reprend. Assiégée dans Rennes par les troupes royales, Anne se rend, et consent, une fois son mariage annulé, à épouser le roi Charles VIII. Jusqu'à sa mort (1514), Anne de Bretagne réussit à faire reconnaître et à exercer ses droits sur le duché. Dernière duchesse de Bretagne, Anne est devenue l'emblème de la résistance à l'intégration dans le royaume de France. Sa fille, Claude, épouse le futur roi François Ier. Elle n'a pas la forte personnalité de sa mère, et son époux la convainc sans difficulté de renoncer à ses droits sur le duché de Bretagne.

12 by proxy, without both partners being present

13 edict, treaty

14 the 'Old Regime'; i.e. French society before the Revolution of 1789
15 the 'third estate', i.e. common people
16 stake(s); here, subject of dispute

> En 1532, la Bretagne devient une simple province de la France, en échange de quelques importantes concessions. Selon l'*Edit*[13] *d'Union*:
>
>> Nous (le souverain) unissons et joignons les pays et duchés de Bretagne avec le royaume et couronne de France, perpétuellement, de sorte qu'ils ne puissent être séparés ni tomber en diverses mains pour quelque cause que ce puisse être.(...) Nous voulons que les droits et privilèges que ceux dudit pays et duché ont eus par ci-devant leur soient gardés et observés.
>
> La Bretagne préserve son propre système judiciaire et ses Etats (assemblée représentant les trois ordres qui composaient la société sous l'Ancien Régime[14]: la noblesse, le clergé et le tiers état[15]), qui seuls peuvent consentir la levée d'impôts royaux. Les soldats bretons ne seront pas appelés à combattre en dehors de la province; les bénéfices ecclésiastiques (évêchés, abbayes, etc.) seront réservés aux Bretons. Bien des conflits à venir, jusqu'à la Révolution, auront pour enjeu[16] la fiscalité, la conscription et l'indépendance du clergé vis-à-vis du pouvoir central.

L'ANCIEN RÉGIME (1532-1789)

17 Salt tax, one of the grievances leading up to the Revolution
18 sort of 'Eldorado'
19 flax
20 hemp

Devenue française, la Bretagne demeure opulente. Elle paie moins d'impôts royaux que les autres provinces, et elle est en particulier exemptée de la gabelle[17]. Selon un dicton de l'époque, 'la Bretagne est Pérou[18] pour la France'. L'agriculture est florissante, le commerce maritime et les industries prospèrent, particulièrement le tissage du lin[19] et du chanvre[20], qui sont exportées vers l'Angleterre et l'Espagne.

Cependant, à partir du règne de Louis XIV (1661-1715), le sort de la Bretagne dépend de plus en plus d'un pouvoir royal autoritaire et dirigiste. Les intérêts de la Bretagne ne coïncident

Le passé

pas toujours avec ceux de la France, qui se tourne de plus en plus vers le continent européen plutôt que vers la mer. L'économie bretonne de l'époque présente donc un visage contrasté:

> • Saint-Malo est le premier port de France en 1680. Il demeure aujourd'hui célèbre pour ses corsaires[21] tels que Duguay-Trouin (1673-1736) et plus tard, Surcouf (1773-1827).
> • Le port de Nantes prospère grâce au commerce de produits tropicaux et à la traite des noirs[22].
> • Brest (arsenaux et marine de guerre) et Lorient (siège de la *Compagnie des Indes Orientales*) sont de véritables villes françaises créées pour ses propres besoins par la monarchie.
> • L'économie bretonne, qui vit en grande partie de ses exportations et de son commerce maritime, est gravement touchée par les guerres de Louis XIV, et par la politique de son ministre Colbert, qui vise à réglementer les activités industrielles et à protéger la France de la concurrence internationale.

[21] privateers

[22] slave trade

La pression du pouvoir royal s'exerce aussi dans le domaine fiscal: les guerres de Louis XIV, le train de vie de sa cour et la construction du château de Versailles coûtent cher!

> Les impôts sur le 'papier timbré', qui sert à la rédaction des actes juridiques, provoquèrent en avril 1675 des émeutes dans les villes de Haute-Bretagne.
> **La révolte du papier timbré** fut suivie de **la révolte des Bonnets Rouges** dans les campagnes de Basse-Bretagne. Les paysans de Cornouaille rédigèrent un 'Code Paysan' dans lequel ils exprimaient leur haine des impôts royaux, et surtout leur aversion à l'égard des nobles qui les écrasaient de redevances[23]. Le soulèvement fut férocement réprimé par les troupes royales.

[23] taxes paid by the poor to the nobility

Au 18ème siècle, le conflit s'envenime entre le pouvoir royal et les institutions que la Bretagne a préservées, les Etats et le Parlement de Bretagne[24]. La noblesse, qui domine ces deux assemblées, prétend défendre les 'libertés bretonnes' contre les abus du pouvoir royal. En fait, elle se sert avant tout des libertés bretonnes pour s'opposer à toute réforme qui remettrait en question ses privilèges.

[24] not 'Parliament' but a regional court of law

A la veille de la Révolution, la noblesse bretonne est isolée et détestée. L'économiste et agronome anglais Arthur Young, dans ses *Voyages en France*, en 1788, remarque:

> Nulle part, la distinction entre noblesse et roturiers[25] n'est plus tranchée, plus offensante, plus abominable qu'en Bretagne.

[25] commoners

Les **'cahiers de doléances**[26]**'**, qui rassemblaient les revendications des populations avant la réunion des **Etats généraux**[27] en 1789, demandent unanimement l'abolition des droits seigneuriaux et l'égalité fiscale, la noblesse et le clergé étant jusqu'alors exemptés d'impôt. Bien peu revendiquent la préservation des libertés et privilèges de la Bretagne.

[26] grievances

[27] The Estates General, meeting just before the outbreak of the Revolution

LA RÉVOLUTION ET L'EMPIRE (1789-1815)

• La Bretagne révolutionnaire

Aux Etats Généraux qui s'ouvrent à Versailles le 5 mai 1789, les représentants de la bourgeoisie bretonne sont à la pointe du combat contre l'Ancien Régime.

Un avocat rennais, Le Chapelier, préside la séance de **la nuit du 4 août** qui voit voter non seulement l'abolition des privilèges honnis de la noblesse et du clergé, mais également, celle des 'libertés bretonnes', ces 'droits et privilèges' dont la Bretagne jouissait depuis 1532.

Dans la bourgeoisie bretonne, la conscience nationale l'a emporté sur la conscience provinciale! En 1790, la Bretagne cesse d'exister officiellement pour être divisée en cinq départements.

• Déceptions

La Bretagne est assez rapidement déçue par la Révolution: 80% des prêtres bretons refusent de prêter serment d'allégeance à la Constitution. Le monde rural, profondément attaché à sa religion, soutient et protège ses prêtres 'réfractaires'[28].

Les paysans, qui constituent 90% de la population, se méfient d'une révolution qui n'a pas amélioré leur sort.

La bourgeoisie bretonne elle-même se désolidarise des révolutionnaires parisiens dont elle condamne la dictature et les excès.

• La révolte des Chouans[29]

En 1793, la conscription obligatoire de 300 000 soldats, qui s'ajoute à la détérioration de la situation économique et à la politique anti-religieuse des révolutionnaires, provoque dans les campagnes un mouvement d'insurrection.

Une partie de la Bretagne, principalement l'Ille-et-Vilaine et le Morbihan, est déchirée jusqu'à la fin du siècle par **la révolte des Chouans**.

Cette 'chouannerie' s'organise en 1794-1795. Elle se compose de bandes de paysans et mène ce que l'on appellerait aujourd'hui une guérilla contre les convois militaires et les personnes qui collaborent avec la République. Ce mouvement connaît le désastre militaire lorsque des royalistes émigrés, soutenus par l'Angleterre, essaient d'en prendre le contrôle et s'engagent dans un combat frontal contre la République:

> Le 16 juin 1795, une flotte avec à bord cinq régiments, forts de 4 000 Français, en particulier des aristocrates émigrés, avait quitté l'Angleterre en direction des côtes françaises. A bord aussi 80 000 fusils, 80 canons, des munitions, de la poudre, des uniformes, du brandy... L'objectif était de rallier les troupes des Chouans, de prendre Vannes et Rennes, puis de se diriger vers Paris. L'armée royaliste se retrouva enfermée dans la presqu'île de Quiberon,

---

28 priests who refuse to accept the Revolution

29 Jean Chouan was a counter-revolutionary peasant leader in Brittany.

Le passé

> coupée de tout soutien extérieur par l'armée républicaine, menée par le général Hoche, jeune héros de la Révolution. Cette expédition manquée se termina par 750 exécutions.

- *Bilan de la Révolution et de l'Empire*

Le souvenir de la chouannerie planera sur les relations franco-bretonnes jusqu'au 20ème siècle. La Bretagne demeurera longtemps 'une province réputée étrangère' dont le loyalisme[30] ne peut être que suspect.

[30] **loyalty** (here, to the French state)

Les guerres européennes de la Révolution et de l'Empire (1792-1815), ainsi que le blocus maritime qui est imposé par l'Angleterre et isole la France, détournent la Bretagne de sa vocation maritime, la privent de ses débouchés extérieurs, et ruinent son économie.

LA MARGINALISATION DE LA BRETAGNE (1815-1914)

Le 19ème siècle est l'une des périodes les plus tristes de l'histoire de la Bretagne. La Bretagne est désormais administrée par des fonctionnaires nommés par Paris, qui ont pour mission de la franciser et de l'intégrer dans la nation. Cette entreprise se heurte à un clergé et souvent à une aristocratie terrienne qui dominent une société essentiellement rurale et qui veulent préserver la culture et les traditions d'une 'Bretagne éternelle'. Vue de France, et particulièrement de Paris, la Bretagne apparaît alors comme le bastion du conservatisme, maintenue par ses prêtres dans l'ignorance et la superstition, fermée à tout changement et à toute idée nouvelle, arriérée et engluée dans la routine.

C'est cette vision d'une Bretagne allergique aux lumières de la civilisation que donne le grand romancier Honoré de Balzac dans son roman *Les Chouans* (1829):

> Entouré de lumières dont la bienfaisante chaleur ne l'atteint pas, ce pays ressemble à un charbon glacé qui resterait obscur et noir au sein d'un brillant foyer. Les efforts tentés par quelques grands esprits pour conquérir à la vie sociale et à la prospérité cette belle partie de la France, si riche de trésors ignorés, tout, même les tentatives du gouvernement, meurt, au sein de l'immobilité d'une population vouée aux pratiques d'une immémoriale routine.

Perception sans doute exagérée, mais qui montre bien l'isolement de la Bretagne de l'époque.

Tandis que le monde change autour d'elle, sous l'effet de l'industrialisation et du progrès technique, la Bretagne, elle, dépérit et voit son retard économique et social s'accentuer.

Elle ne dispose pas des atouts[31] qui permettent d'entrer dans l'ère industrielle: charbon, minerai de fer, capitaux. Ses industries traditionnelles, textiles et métallurgiques, ne peuvent supporter la concurrence des grandes industries nouvelles. Seule Nantes,

[31] **assets**

qui développe un centre industriel moderne (industries alimentaires, métallurgie, construction navale) fait exception à ce sombre tableau. L'agriculture elle-même qui occupe la majeure partie de la population, n'évolue que très lentement.

Le retard économique s'accompagne d'un retard social: pauvreté, mendicité, état sanitaire déplorable, alcoolisme, analphabétisme.

L'ÉMIGRATION

La Bretagne ne figure au premier rang que par son taux de natalité, le plus élevé de France. Aussi, à partir de la seconde moitié du siècle, la pauvreté, le surpeuplement et même les chemins de fer, incitent beaucoup de ruraux à quitter le pays. L'ampleur de cet exode est tel que l'on estime qu'entre 1860 et 1960, la Bretagne a perdu plus d'un million d'habitants. Les Bretons quittent les campagnes pour aller travailler dans les grandes villes, particulièrement à Paris, ainsi que dans les riches régions agricoles et industrielles françaises qui, elles, manquent de main d'oeuvre.

Bonne affaire pour certains, comme le montre cette annonce parue en 1906 dans *le Progrès de Briey*, journal local de Lorraine:

> Je préviens Messieurs les cultivateurs que, courant janvier, j'irai chercher moi-même quelques wagons de domestiques en Bretagne, pour être arrivés le 1er février, à seule fin de les habituer au pays avant le commencement des travaux. Tous ceux qui en désirent peuvent se faire inscrire dès aujourd'hui. Ils seront prévenus de leur arrivée un jour à l'avance. Ils seront débarqués tous sur la place de la gare à Longuyon, où chacun pourra choisir le sujet qui lui conviendra ou lui plaira le mieux.
>
> (cité par G. Minois, *Nouvelle Histoire de la Bretagne*, Fayard, 1992)

LE VINGTIÈME SIÈCLE: GUERRES ET INTÉGRATION

Les deux guerres mondiales scellent l'intégration définitive de la Bretagne à la France, 'par le sang et les larmes', selon l'expression de Georges Minois.

Pendant la 'Grande Guerre' (1914-1918), 120.000 soldats bretons selon certains, plus de 200 000 selon d'autres, sont morts 'pour la patrie', pertes humaines beaucoup plus élevées que celles subies par les autres régions de France.

Après quatre années passées loin du pays, en contact avec d'autres Français, les survivants reviendront changés:

32 primary school
33 with a passion for
34 to throw overboard, abandon as quickly as possible

> ...le premier conflit mondial a sans doute plus fait que l'école élémentaire[32] pour ancrer dans les mentalités l'adhésion irréfléchie à l'Etat français, pour transformer les paysans bretons en Français épris[33] de modernité et désireux de jeter aux orties[34] la civilisation de leur passé.
>
> (*Histoire de la Bretagne et des pays celtiques de 1914 à nos jours*, Skol Vreizh, 1983)

Le passé

Ce désir de changement se fait encore plus vif après 1945. Les Bretons, qui ont pris conscience de leur retard économique, se lancent avec détermination dans l'aventure de la modernité. Région périphérique presque exclusivement agricole, c'est grâce à l'agriculture que se fera le décollage économique. Cause ou effet de cette mutation, la mentalité des Bretons et l'identité de la région seront aussi profondément affectées.

De *Finistère*, la Bretagne est-t-elle, en cette fin de millénaire, en train de redevenir *Penn ar Bed*?

ACTIVITÉS

1. Traduisez en anglais l'encadré sur l'âge d'or de la civilisation bretonne, p. 7.

2. Résumez, en une centaine de mots, les raisons pour lesquelles l'arrivée des Bretons est un événement fondamental dans l'histoire de la Bretagne.

3. Lisez attentivement la section sur le rattachement à la France et faites une liste des avantages que ce rattachement a pu constituer pour la France. Est-ce que vous pensez que c'était aussi un avantage pour la Bretagne?

4. Les *cahiers de doléances* permettaient à tous les Français d'exprimer leurs voeux et leurs revendications avant la réunion des Etats Généraux de 1789. A l'aide de la section *L'Ancien Régime*, rédigez les doléances d'un paysan breton concernant:

- les impôts royaux et les redevances payées à la noblesse
- l'exemption de la noblesse et du clergé; l'injustice du système
- le danger d'une révolte si ses voeux ne sont pas respectés
- les difficultés de la vie de paysan

5. A partir des sections *La marginalisation de la Bretagne* et *L'émigration* (en particulier de l'extrait du journal *le Progrès de Briey*), imaginez la vie dans un village breton et l'état d'esprit des habitants vers 1920.

2 'LA BRETAGNE CONTRE PARIS'

La Bretagne est une vieille rebelle.
Victor Hugo, *Quatre-vingt-treize* (1874)

Bien peu de Bretons diraient qu'ils ne se considèrent pas comme français. Un sondage déjà ancien de la *Sofres* (*Société française d'enquêtes par sondages*) révélait que 3% seulement des Bretons souhaitaient un Etat breton souverain et indépendant. De plus, interrogés sur leur sentiment d'appartenance,[1] les Bretons répondaient de la façon suivante:

1 loyalty, allegiance

❑ se sentent bretons avant de se sentir français	22%
❑ se sentent français avant de se sentir bretons	26%
❑ se sentent également bretons et français	50%
❑ sans réponse	2%

(*Le Nouvel Observateur*, 24 novembre 1975)

Cependant, les Bretons restent plus fortement attachés à leur région que les habitants des autres régions françaises: une enquête effectuée en 1991 par l'*Observatoire Interrégional de la Politique* demande aux Français des diverses régions à quelle collectivité (commune, département, région, France) ils estiment appartenir en priorité. Les Bretons sont les moins nombreux à s'identifier d'abord à la France:

	Moyenne française	**Bretagne**
A la France	41%	28%
A votre région	12%	23%

D'après J.J. Monnier, *Le Peuple Breton*, mai 1992, et *Emgann*, juin 1993.

Source: *Le Peuple Breton*, mai 1993.

A la différence de la Grande-Bretagne, où l'on admet fort bien que l'on puisse se sentir à la fois gallois ou écossais, **et** britannique, la France a toujours eu beaucoup de mal à comprendre la double appartenance, les relations entre Paris et la Bretagne étant traditionnellement marquées par la méfiance:

> En 1870, alors que la France était envahie par la Prusse, on n'osa prendre le risque de distribuer des armes à l'armée de Bretagne regroupée à Conlie (Sarthe). Le Ministre de la Guerre télégraphia à Kératry, qui commandait cette armée: 'Je vous conjure d'oublier que vous êtes breton pour ne vous souvenir que de votre qualité de Français'.
>
> Cité dans *Histoire de la Bretagne et des pays celtiques*, Skol Vreizh, 1983

Méfiance de Paris à l'égard de la Bretagne, dont le loyalisme est suspect, méfiance de la Bretagne à l'égard du pouvoir étouffant d'un Etat hypercentralisé.

LA FRANCE, PAYS CENTRALISÉ

Dans la France contemporaine, la centralisation a toujours ses partisans. A la fin de 1968, Alexandre Sanguinetti, alors Secrétaire général du parti gaulliste, l'expliquait et la justifiait en ces termes:

> Je ferai l'éloge de la centralisation à la tribune de l'Assemblée Nationale. C'est elle qui a permis de faire la France malgré les Français ou dans l'indifférence des Français. Ce n'est pas un hasard si sept siècles de Monarchie, d'Empire et de République ont été centralisateurs: c'est que la France n'est pas une construction naturelle. C'est une construction politique voulue, pour laquelle le pouvoir central n'a jamais désarmé. Sans centralisation, il ne peut y avoir de France. Il peut y avoir **une** Allemagne, parce qu'il y a **une** civilisation allemande, mais en France, il y a **plusieurs** civilisations. Et cela n'a pas disparu, vous pouvez en croire un député de Toulouse!
>
> (Cité par M. Nicolas, *Histoire du Mouvement Breton*, Syros, 1982)

Renforçant l'oeuvre de la monarchie, les révolutionnaires, puis l'Empire et les républiques successives, ont créé une véritable religion de l'Etat, le **jacobinisme**[2]. Le jacobin – tous les partis politiques ont leurs jacobins – a la passion de l'unité nationale et la Constitution actuelle proclame toujours que 'la République française est une et indivisible'. Justifiée ou non, l'obsession de cette unité nationale, toujours fragile et toujours à construire, conduit le jacobin à tout contrôler et à tout uniformiser, à tuer les libertés locales et à détruire la diversité des identités provinciales.

[2] The Jacobins were among the most ardent of the Revolutionaries

Aux yeux des jacobins, pour que la France existe, il fallait que la Bretagne disparaisse!

LES CONSÉQUENCES DE LA CENTRALISATION

La centralisation a eu des conséquences **politiques**: lorsque la Révolution supprime les provinces en 1790, la Bretagne cesse d'exister. Elle est alors divisée en cinq départements, dont le découpage, entièrement artificiel, ignore les entités linguistiques, sociales et culturelles tissées[3] au cours des siècles. L'assimilation

[3] woven

administrative est complète lorsqu'en 1800, Bonaparte place un **préfet**, fonctionnaire représentant le pouvoir central, à la tête de l'administration de chaque département.

Les motifs de la création des départements apparaissent clairement dans cet extrait du *Moniteur Universel* du 29 octobre 1789, qui résume les débats de l'Assemblée Nationale:

> C'était de plus une vue vraiment patriotique, que d'éteindre l'**esprit de province**; de ramener à l'**unité** politique tous les membres de l'Etat, et d'en subordonner les parties diverses au **grand tout national**.[...] Enfin, il était de la plus grande importance, pour l'**uniformité** de l'administration, la facilité de la **surveillance** et l'intérêt des gouvernés, d'avoir des divisions de territoire à peu près égales et d'une étendue calculée sur celle qui convient au plus favorable exercice des différents pouvoirs.
>
> (*Le Peuple Breton*, décembre 1989)

Au lieu de 'Liberté, Égalité, Fraternité', la devise du nouveau régime aurait pu être: **'Unité, Uniformité, Autorité'**!

La centralisation a également eu des conséquences **économiques**: bien qu'on ne puisse blâmer Paris pour tous les problèmes économiques de la Bretagne depuis deux siècles, il est reconnu que la centralisation politique a favorisé une forte concentration de la richesse économique dans la capitale et sa région. Le problème, sur lequel J.F. Gravier, en 1947, attirait l'attention dans un livre intitulé *Paris et le désert français*, demeure d'actualité. L'Ile-de-France[4] continue de 'vampiriser' les provinces: Paris et sa région attirent toujours les entreprises, les capitaux et le personnel hautement qualifié, tout en drainant une part disproportionnée des investissements de l'Etat.

4 Paris region

Source: affiche de l'UDB

La centralisation a finalement eu des conséquences **culturelles**. Les Révolutionnaires élaborèrent une politique d'uniformisation culturelle et linguistique. 'Dans une République une et indivisible, la langue doit être une', affirmait une circulaire de 1793. A la même époque, l'abbé Grégoire publia un *Rapport sur la nécessité et les moyens d'anéantir les patois et d'universaliser l'usage de la langue française*.

5 1870-1940

Cette politique, qui fut poursuivie jusqu'au milieu du 20ème siècle, s'appuya sur deux instruments privilégiés: le service militaire et l'école. C'est surtout à partir de la Troisième République[5], avec la généralisation de l'instruction obligatoire, que les Bretons apprirent à oublier non seulement leur langue, mais aussi leur passé. Les instituteurs remplissaient avec zèle leur mission:

> Nous tous, instituteurs français, nous avons profité de toutes les occasions pour inspirer à nos élèves un vif amour de la patrie. Dans nos leçons de géographie, nous n'oublions pas de faire remarquer à l'enfant combien notre France est incomparablement belle. Faire des patriotes sincères, tel est notre but en enseignant l'histoire de France; faire de bons citoyens, tel est notre idéal en donnant l'enseignement civique.
>
> (*Tribune des instituteurs et des institutrices*, 15 février 1884, cité par N. Lainé, *Le droit à la parole*, Terre des Brumes, 1992)

UNE CULTURE FRANÇAISE ET UNIVERSELLE

Il ne suffisait pas de détruire la culture bretonne, il fallait également justifier cette destruction. Selon l'abbé Grégoire:

> Il faut identité de langage pour extirper tous les préjugés. C'est surtout l'ignorance de l'idiome national qui tient tant d'individus à une grande distance de la vérité.

On accordait ainsi au français toutes les vertus: il était la langue de la vérité, de la connaissance, des **lumières**[6], et dans la patrie des droits de l'homme, il devint même 'la langue de la liberté'. Pour les mêmes raisons, la culture française – c'est-à-dire celle des élites parisiennes – était culture universelle par excellence, civilisation qu'il fallait donc propager pour le bien de l'humanité. Un siècle plus tard, Jules Ferry[7] tenait le même discours à la tribune de la Chambre des Députés:

6 Enlightenment

7 Champion of compulsory schooling and also of French colonial expansion

> La France doit répandre son influence sur le monde, et porter partout où elle le peut sa langue, ses moeurs, son drapeau, ses armées, son génie.
>
> (*Débats parlementaires du 28 juillet 1885*, cité par N. Lainé, op. cit.)

UNE IDENTITÉ BRETONNE DÉVALORISÉE

De son côté, le Breton ne pouvait être qu'un *plouc* – du mot *plou* qui désignait la paroisse chez les premiers Bretons – c'est-à-dire un paysan arriéré. Quant à la langue bretonne, elle fait, toujours selon l'abbé Grégoire, partie de 'cette diversité d'idiomes grossiers qui prolongent l'enfance de la raison et la vieillesse des préjugés'.

Le breton est donc la langue de l'ignorance et de la superstition. Incapables de s'exprimer, les Bretons peuvent tout juste *baragouiner*, qui vient des mots bretons *bara* 'pain', et *gwin* 'vin', et signifie 'parler un langage barbare et inintelligible'; ou bien encore ils *bredouillent*, de l'ancien mot 'bretonner' (parler comme un Breton), qui signifie 'parler d'une manière précipitée et peu distincte'.

Une politique systématique de répression de l'identité bretonne se poursuivit à travers tout le 19ème siècle, et la première moitié du 20ème. Cette politique fut relayée par l'image que donnent des Bretons les oeuvres littéraires et les récits de voyage, image qui en dit souvent plus sur le 'parisianisme' des écrivains que sur les Bretons! On retiendra à titre d'exemple le portrait que donne Victor Hugo dans son roman *Quatre-Vingt-Treize*, où il évoque la chouannerie bretonne (confondant d'ailleurs la Vendée et la Bretagne!):

> Si l'on veut comprendre la Vendée, qu'on se figure cet antagonisme: d'un côté la révolution française, de l'autre le paysan breton. En face de ces événements incomparables, menace immense de tous les bienfaits à la fois, accès de colère de la civilisation, excès du progrès

furieux, amélioration démesurée et inintelligible, qu'on place ce sauvage grave et singulier, cet homme à l'oeil clair et aux longs cheveux, vivant de lait et de châtaignes, borné à son toit de chaume, à sa haie et à son fossé, distinguant chaque hameau du voisinage au son de la cloche, ne se servant de l'eau que pour boire, ayant sur le dos une veste de cuir avec des arabesques de soie, inculte et brodé, tatouant ses habits comme ses ancêtres les Celtes avaient tatoué leur visage, respectant son maître dans son bourreau[8], parlant une langue morte, ce qui est faire habiter une tombe à la pensée, piquant[9] ses boeufs, aiguisant sa faux[10], sarclant[11] son blé noir[12], pétrissant sa galette de sarrasin, vénérant sa charrue d'abord, sa grand-mère ensuite, croyant à la Sainte-Vierge et à la Dame Blanche[13], dévôt à l'autel et aussi à la haute pierre mystérieuse debout au milieu de la lande [...], aimant ses rois, ses seigneurs, ses prêtres, ses poux[14]; pensif, immobile souvent des heures entières sur la grande grève déserte, sombre écouteur de la mer.

Et qu'on se demande si cet aveugle pouvait accepter cette clarté[15].

Au 20ème siècle, le stéréotype du Breton stupide s'est perpétué sous les traits de Bécassine[16], l'héroïne d'une bande dessinée très populaire entre les deux guerres; domestique dans une famille parisienne, Bécassine porte le costume de son pays, et amuse par son langage et par le zèle excessif qu'elle met à exécuter les ordres. Caricature du Breton docile et mal dégrossi[17]!

8 executioner
9 goading
10 sharpening his scythe
11 hoeing
12 buckwheat
13 supernatural character in peasant folklore
14 lice
15 Enlightenment aims of the Revolution
16 in familiar French, *bécasse* is a 'silly goose'
17 unsophisticated

Le Breton faisait donc rire, et pendant longtemps il a eu honte de ses origines. Certains cherchaient à s'évader par l'alcool: jusqu'à récemment, la Bretagne a détenu le record national de l'alcoolisme. D'autres se refusaient à transmettre à leurs enfants cette identité maudite, et en particulier la langue bretonne. D'autres enfin, de plus en plus nombreux, tentaient de changer d'identité, tels ces jeunes qu'évoque Pierre Jakez Hélias dans un roman célèbre qui évoque son enfance dans le pays bigouden:

J.-P. Pinchon.
Editions Gautier-Languereau.

Bécassine

Les enfants du pays qui vont à Paris pour gagner leur pain depuis la guerre de 14 en arrivent très vite à haïr leur langue, synonyme de pauvreté, symbole d'ignorance et promesse de dérision. C'est tout juste s'ils ne maudissent pas leurs parents pour ce patrimoine plus déplorable qu'une tare[18] physique héréditaire. A peine ont-ils passé un an dans quelque bas emploi de la capitale qu'ils reviennent au pays pour faire la roue[19] devant leur cousinage de 'coupeurs de vers'[20]. Et au grand jamais ils ne lâcheront un seul mot de breton, sauf quand ils marchent par mégarde sur les dents d'un râteau qui leur renvoie son manche dans la figure: *gast a rastell!* (putain de râteau).

(*Le cheval d'orgueil*, Pierre Jakez Hélias, Plon, 1976)

18 **flaw**
19 **to show off**
20 **peasants cutting worms while digging the soil**

UNE IDENTITÉ REVENDIQUÉE

Les années 60 et 70 ont été celles du renouveau de l'identité bretonne. Les événements de mai 68[21] ont à cet égard marqué un tournant: c'est en effet à la suite de cette révolte antiautoritaire que bien des conformismes ont été remis en question. Un certain nombre de groupes, en particulier les minorités nationales, ont ainsi pu affirmer leur 'droit à la différence', leur identité. La honte et la résignation ont été mises au placard[22], et une nouvelle génération, fière de sa culture, de sa langue et de ses racines, s'est reconnue dans la chanson et la poésie contestatrice de l'époque. Dans *Le Poème du pays qui a faim* (1967), Paol Keineg offre un exemple typique de la révolte qui accompagne le réveil de la Bretagne:

21 **widespread students' demonstration in the Spring of 1968**

22 **put away**

>   mais on leur a coupé la langue
>   on a élevé des murs de forteresse
>   entre leurs enfants et eux
>   ils ont pleuré
>   ils ont prié
>   ils ont aimé
>   mais pour avoir été vaincus
>   on leur a passé le mors[23] à la bouche
>   on leur a passé la muselière[24] sur la gueule
>   et leurs enfants
>   leurs enfants oublieux de l'eau verte des fossés du
>   frou-frou[25] de l'aubépine du caquetage des geais
>   leurs enfants oublieux et insatiables
>   leurs enfants sont partis par bancs[26] serrés
>   Bretons exportés...Bretons déportés...Bretons
>   saisonniers à Jersey...Bretons fermiers
>   d'Aquitaine...Bretons canalisés...pressurés...
>   Bretons ouvriers à Paris...Bretons
>   manufacturés...moulés...stéréotypés...mirés[27]
>   calibrés désinfectés enveloppés encaissés
>   et expédiés...petits Bretons semblables et
>   interchangeables...Bretons inadaptés
>   exploités humiliés écrasés aspirés asphyxiés
>   oubliés...Bretons colonisés...
>   Bretons sous-développés
>   BRETONS ALCOOLISÉS
>   bons pour le service bons pour la mitraille la

23 **bit**
24 **muzzle**

25 **rustle**

26 **shoals**

27 **scrutinized**

28 esparto grass
29 ref. Algerian War (1954-1962)
30 washing up in a restaurant
31 slate; main roof material in Brittany
32 broom, typical shrub of the region

boue la baïonnette bons pour les jungles
bons pour les plaines d'alfa[28] bons pour la
boucherie bons pour l'Algérie[29]
colonisés colonialistes
Bretons bons pour la plonge[30] à New-York...
bûcherons au Québec... petits Bretons au petit
coeur de fonctionnaire... à l'inerte harassement
de sous-prolétaire...
bons pour le service
bons pour l'alcool
bons pour l'impôt
mais gardant toujours au fond de la bouche le goût
de l'ardoise[31] celui du genêt[32]
le goût du sel

(Extrait: *Le poème du pays qui a faim*, Paol Keineg, Editions Bretagnes)

LE MOUVEMENT BRETON

Ce nouveau climat a favorisé un certain renouveau de ce qu'on appelle le 'mouvement breton' (*emsav* en breton, qui signifie soulèvement, révolte). L'*emsav* désigne l'ensemble des organisations et associations qui militent pour la défense de la Bretagne, de sa culture et de sa langue. Plus que d'un mouvement, il s'agit donc d'une multitude d'organismes politiques et culturels.

Il faut ici brièvement en retracer l'histoire:

• A l'origine, le mouvement breton, dans son expression politique, est essentiellement **conservateur**. Ainsi, l'Union Régionaliste Bretonne (URB), née en 1898, rassemble surtout des nobles propriétaires terriens et des ecclésiastiques qui veulent préserver la Bretagne rurale traditionnelle qu'ils dominent contre les idées nouvelles, particulièrement le socialisme. **Régionalistes**, ils sont partisans d'une décentralisation modérée, et ne remettent pas en cause l'intégration de la 'petite patrie' dans la 'grande patrie'.

• Entre les deux guerres, des jeunes passent résolument du régionalisme au **nationalisme**, fondant en 1919 le journal *Breiz Atao* (Bretagne Toujours).

• En 1932, l'aile radicale du mouvement forme le Parti National Breton (PNB), que ses principaux dirigeants, Olier Mordrelle et François Debauvais, orientent vers des positions extrémistes, à la fois **séparatistes** et fascistes.

• Lorsque survient la guerre, ces deux hommes tentent de s'inspirer de la maxime des nationalistes irlandais: 'English difficulty is Irish opportunity'. Profitant de la défaite française, ils se rendent en Allemagne où ils espèrent négocier la création d'un Etat breton. En 1944, une poignée de nationalistes combattent sous uniforme allemand, achevant d'aliéner le mouvement breton aux yeux de la population bretonne. La cause bretonne en souffrira pendant des années.

• Après 1945, le militantisme breton se réfugie dans le mouvement **folklorique**, la *Bodadeg ar Sonerion* (BAS, l'Assemblée des Sonneurs[33]) et les *Cercles Celtiques*, qui visent à promouvoir la musique et la danse bretonnes.

[33] players of *binious* (Breton bagpipes) and of *bombardes* (kind of oboe)

• La revendication bretonne réapparaît dans les années 50, sur le terrain **économique** cette fois. Créé en 1950, le **CELIB*** (Comité d'Etude et de Liaison des Intérêts Bretons) rassemble des hommes politiques bretons de toutes tendances (parlementaires, élus locaux) ainsi que les dirigeants économiques et syndicaux. Il vise à défendre les intérêts économiques de la Bretagne auprès des pouvoirs publics. C'est la première fois que les responsables d'une région réussissent à se mobiliser pour élaborer un programme régional de modernisation et à devenir le porte-parole de la Bretagne auprès du gouvernement. Dans les années 60, cependant, le gaullisme[34] triomphe, y compris en Bretagne: c'est la fin du CELIB, car le gaullisme, très 'jacobin', accepte mal qu'un 'lobby' puisse faire pression sur le pouvoir central. Cependant, le CELIB a rendu sa respectabilité au combat pour la Bretagne.

[34] the political principles of General de Gaulle

• Sur le terrain **politique**, le mouvement breton connaît un certain renouveau à partir des années 60. L'Union Démocratique Bretonne (**UDB***), fondée en 1964 par des étudiants, devient rapidement la principale expression politique de l'*emsav**. Contrairement aux partis traditionnels du mouvement breton qui refusaient de se situer à gauche ou à droite ('ni rouge ni blanc'), l'UDB est ancrée à gauche et développe avec succès certains thèmes tels que 'Bretagne = colonie', et 'vivre, travailler et décider en Bretagne':

Source: *Le Peuple Breton.*

• La révolte n'emprunte pas toujours les voies légales et se manifeste à travers les attentats à la bombe du Front de Libération de la Bretagne (**FLB***). Ces attentats, qui ne font pas de victimes, visent à attirer l'attention des média en s'attaquant aux 'symboles de la puissance occupante':

- véhicules de police (1968).
- relais de télévision. En 1974, la Bretagne occidentale est privée de télévision pendant plusieurs mois.
- palais de Versailles. Les auteurs de cet attentat sont condamnés en 1978 à quinze ans de prison.

De nos jours, on n'entend plus guère parler du FLB.

BILAN DU MOUVEMENT BRETON

Sur le plan politique, les partis **autonomistes** bretons ont décliné au cours des années 80. Le mouvement breton n'a obtenu que 3% des voix aux élections régionales de 1992 et 1% aux élections européennes de 1994. L'autonomisme, même celui apparemment modéré de l'UDB, continue d'apparaître aux yeux de beaucoup comme un séparatisme déguisé. Le mouvement breton a échoué sur le terrain politique.

Et pourtant, il est loin d'être isolé dans la société bretonne. Si les Bretons sont quasiment unanimes à condamner les actes du FLB, ils sont nombreux à déplorer que la justice traite les auteurs comme de simples terroristes: ainsi, au procès de deux militants FLB, en mai 1990, un certain nombre de personnalités bretonnes, dont le musicien Alan Stivell et le député finistérien Jean-Yves Cozan sont venues témoigner pour la défense.

D'autre part, il existe un assez large consensus en Bretagne sur certains thèmes développés par l'*emsav*: la majorité des Bretons ont une conscience régionale forte et sont attachés à la défense de la culture et de la langue bretonne.

Le mouvement breton a quelques raisons d'être satisfait!

LA DÉCENTRALISATION

35 in F. Favereau, *Bretagne contemporaine, langue, culture, identité*, Skol Vreizh, 1993

36 bill introduced by the Socialist minister Gaston Defferre

En 1942, le gouvernement de Vichy crée un Comité consultatif de Bretagne. Cet 'embryon d'institution régionale'[35] permet à la Bretagne, disparue depuis 1790, de faire officiellement sa réapparition.

En 1959, vingt-deux **régions** (dont la Région Bretagne) sont créées. Le rôle de ces régions s'accroît peu à peu au fil des réformes successives. Peu à peu, la décentralisation elle-même fait son chemin dans les esprits, puis dans la réalité. Un pas important est franchi avec la **loi Defferre**[36] de 1982.

La loi Defferre, dite loi de décentralisation, transfère aux 'collectivités territoriales' (régions, départements et communes) d'importants pouvoirs qui étaient auparavant exercés par l'Etat. Ces collectivités ont désormais chacune des responsabilités, leurs ressources budgétaires propres, et surtout une marge de liberté qu'elles n'avaient jamais connue: le **préfet** perd en effet une grande partie de ses pouvoirs au profit des **élus** des conseils municipaux, conseils généraux, et conseils régionaux. La région a maintenant son assemblée régionale, élue au suffrage universel.

La décentralisation permet ainsi à la Bretagne d'exprimer davantage sa personnalité: par exemple, certains départements (en particulier le Finistère et les Côtes-d'Armor) peuvent mettre en oeuvre des programmes importants d'aide à la culture et à la langue bretonnes; une telle politique aurait été inconcevable à l'époque où le préfet régnait!

Un certain nombre de critiques estiment cependant que la réforme ne permet pas à la Bretagne de retrouver pleinement son identité et souffre de certains défauts. On reproche particulièrement à la nouvelle Région Bretagne de manquer de poids par rapport aux départements, de taille pourtant plus petite: F. Favereau note que le budget 1993 du Conseil Régional de Bretagne est moins élevé que celui de certains départements, et qu'il est comparable à celui de la seule ville de Rennes. D'autre part, chaque département élisant ses propres conseillers régionaux, l'Assemblée régionale est trop souvent le théâtre des divisions et des rivalités entre les différentes parties de la Bretagne. Enfin et surtout, peut-on concevoir une Bretagne sans Nantes et la Loire-Atlantique?

NANTES EST-ELLE EN BRETAGNE?

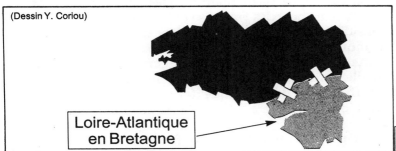

Source: *Le Peuple Breton*, décembre 1992.

La Bretagne actuelle est une région à quatre départements, amputée de la Loire-Atlantique et de Nantes, qui font pourtant partie intégrante de la Bretagne historique. Nantes, 'poumon industriel' de la Bretagne, et capitale des Ducs de Bretagne, est devenue capitale d'une région des Pays de la Loire, région artificielle et sans identité: «décision non démocratique, prise par des bureaux parisiens» selon Michel Denis[37], ancien président du *Conseil Culturel de Bretagne*, professeur d'histoire à l'*Institut d'études politiques* de Rennes; «décision politique» pour Jean-Yves Cozan[38], député et vice-président du Conseil Général du Finistère, qui ajoute:

[37] in an interview 24.11.93

[38] interview 20.11.93

> Quand la France a fait ses régions, dans les années 50, elle a cherché en même temps à casser les identités historiques, ethniques et culturelles pour des raisons politiques. L'Etat français a ainsi créé des régions administratives absurdes. La région Bretagne avec Nantes aurait eu un poids fantastique.

La Bretagne peut-elle espérer retrouver ses frontières d'antan, et d'abord, qu'en pensent les habitants du pays nantais? M. Denis donne son avis:

> Il y a, à Nantes, deux types d'attitudes très contrastées. Je pense que les Nantais sont nombreux à regretter la division de la Bretagne historique, et certains militent d'ailleurs pour la Bretagne à cinq départements. D'autres, par contre, ne voient pas l'intérêt pour Nantes d'abandonner

son statut de capitale régionale pour devenir une sorte de marge de la Bretagne. Je suis d'avis que c'est en 1982, lorsqu'on a donné de vrais pouvoirs aux régions, qu'il aurait fallu les redécouper. Je pense que si le pays nantais avait été consulté à ce moment-là, il aurait probablement choisi le rattachement à la Bretagne. Il ne le ferait sans doute plus maintenant. C'est trop tard. Une fois qu'on a mis en place des régions ayant une certaine autonomie, elles se sont empressées de construire des palais pour installer leurs services.[...] La situation est aujourd'hui complètement figée[39]. Nantes a maintenant pris l'habitude de travailler avec les départements de sa région, auxquels elle n'est pourtant liée que de façon très artificielle, et je pense qu'au fur et à mesure que les années passent, le pays nantais devient de moins en moins breton, par la force des choses.

39 frozen

LA BRETAGNE ET L'EUROPE

Lors du référendum de septembre 1992, la Bretagne a donné un 'Oui' franc et massif à la ratification du traité de Maastricht: 60% des voix, alors que 50.5% seulement des Français l'ont approuvée.

Se considérant à la fois bretons et français, les Bretons sont peut-être moins enclins que d'autres à se replier sur un nationalisme exclusif, que ce nationalisme soit breton ou français; d'ailleurs, le Front National recueille environ deux fois moins de suffrages en Bretagne que dans le reste de la France. Les Bretons n'ont donc guère de difficulté à se sentir également européens.

Ayant souffert d'une relation étouffante avec la France, la Bretagne ne peut que respirer au sein d'une Europe qui accorde une place importante aux identités et problèmes régionaux. Avec la Catalogne, le Pays de Galles, les *Länder*[40] allemands, il ne s'agit pas seulement d'une Europe des Etats, mais aussi d'une Europe des Régions!

40 regions

Enfin, les Bretons sont, plus que d'autres peut-être, portés à envisager leur avenir économique dans un cadre européen, et non strictement 'hexagonal'. C'est ainsi que la Bretagne a participé activement à la création, en 1989, de l'**Arc Atlantique***, qui regroupe 26 régions périphériques réparties sur les 2 500 km de la façade atlantique européenne:

Face à la puissance économique d'un axe Londres/Francfort/Milan qui regroupe les principaux centres industriels européens ou encore, face au dynamisme de l'axe méditerranéen qui s'étend de Lyon jusqu'à Naples, les régions de l'Atlantique se devaient de réagir et de s'unir pour faire entendre leur voix à l'heure du Marché Unique, de la réunification de l'Allemagne et d'une dérive[41] des aides communautaires vers l'est.

41 drift, movement away

Elles ont en commun une forte composante agricole et l'ensemble des activités économiques liées à la mer: la pêche, le tourisme, l'aquaculture...

Dans ce contexte, l'Arc Atlantique, c'est d'abord une organisation économique concertée des régions de l'Atlantique et la mise en oeuvre d'une stratégie adaptée et cohérente pour assurer leur développement et lutter contre leurs faiblesses.

L'Arc Atlantique, c'est aussi l'alliance naturelle d'un ensemble géographique singulier de 26 régions composant la principale façade

La Bretagne contre Paris

maritime européenne, qui redécouvrent une tradition d'échanges et qui expriment leur volonté de promouvoir un 'label[42] atlantique'.
(Dépliant publié par la *Commission de l'Arc Atlantique*, 1993)

42 seal of quality

Sans remettre en cause une union, parfois difficile, de près de cinq siècles avec la France, la Bretagne retrouve une tradition d'ouverture et élargit ses horizons au-delà de l'espace hexagonal. Cette 'vieille rebelle' s'émancipe, sans néanmoins être infidèle!

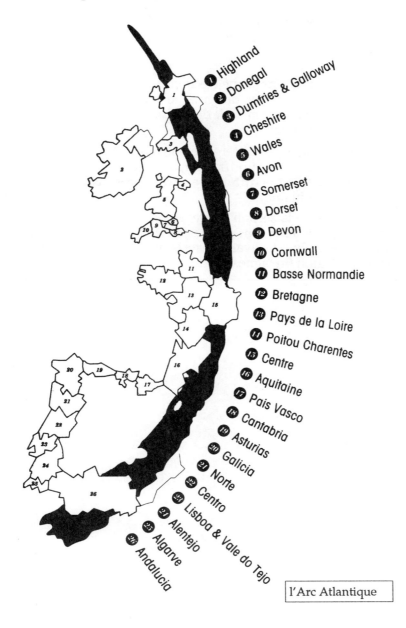

l'Arc Atlantique

ACTIVITÉS

1. Traduisez le poème de Paol Keineg, extrait du *Poème du pays qui a faim*, pp. 19-20.

2. Résumez, en une centaine de mots, les conséquences de la centralisation française en Bretagne (pp. 15-16).

3. Lisez attentivement la section *Une identité bretonne dévalorisée* et décrivez la personnalité des Bretons telle qu'elle est perçue par les Français.

4. Pendant une campagne électorale, l'UDB organise une réunion publique. A la fin des discours, le public est invité à poser des questions. On vous demande de préparer à l'avance les réponses aux questions suivantes:
   - Quelle est la différence entre le FLB et l'UDB?
   - Quelle est la signification du slogan 'Bretagne = colonie'?
   - Quelle est la différence entre séparatisme et autonomisme?

5. A partir de la section *Nantes est-elle en Bretagne?*, examinez les raisons pour lesquelles Nantes ne fait pas partie de la Région Bretagne. Evaluez les avantages et les inconvénients de cette décision pour la Région Bretagne.

3 FOI ET BRETAGNE

> *Madame Marie chérie de Bretagne*
> *Est-il au monde autre pays,*
> *Peuplé d'autant de sanctuaires*
> *Que le nôtre de vos chapelles?*
>
> (Anjela Duval)

'*Feiz ha Breizh zo breur ha c'hoar e Breizh*' (foi et Bretagne sont frère et soeur en Bretagne), dit un proverbe breton.

Ce lien entre Bretagne et religion est aussi ancien que la Bretagne elle-même. Les écrits de toutes les époques soulignent la dévotion des Bretons. Jusqu'à la Première Guerre mondiale, dans la Bretagne rurale, où vivent les trois quarts de la population, on compte 75 à 95% de messalisants[1] réguliers, les hommes pratiquant presque autant que les femmes. Ceux qui n'assistent pas à la messe sont d'ailleurs bien souvent des fonctionnaires 'français', étrangers à la paroisse.

1 church goers (*messe* = mass)

Terre de religion, terre de prêtres, la Bretagne était aussi un bastion de l'Eglise catholique. Dans une région qui n'a pratiquement pas connu la Réforme protestante, le catholicisme a toujours joui d'un quasi-monopole. Nulle part ailleurs, à l'exception peut-être de la Vendée, l'Eglise n'a exercé un tel empire dans tous les domaines de la vie sociale, économique et politique.

Cette puissance de l'Eglise reposait cependant sur une civilisation rurale traditionnelle. A mesure que celle-ci disparaissait au 20ème siècle, l'influence de la religion sur les individus et la société s'est affaiblie. Ce processus, qui a touché toutes les sociétés occidentales modernes, a pris en Bretagne les proportions d'un véritable bouleversement, car il est survenu plus tard qu'ailleurs, en l'espace de deux générations.

UN CHRISTIANISME BAS-BRETON ORIGINAL

Sous une apparente uniformité, la religion en Bretagne a toujours présenté un visage contrasté.

Contraste, tout d'abord, entre Haute* et Basse-Bretagne*, qui remonte à deux modes d'évangélisation différents: en Haute-Bretagne, sous influence romaine, l'évangélisation se fait à partir des villes et d'une hiérarchie religieuse déjà constituée; en Basse-Bretagne, au contraire, ce sont les Bretons, moines et ermites venus d'outre-Manche, qui diffusent le christianisme à travers les campagnes. Ce christianisme bas-breton gardera jusqu'à nos jours les marques de ses origines celtiques.

Lorsqu'on entre en Basse-Bretagne, on ne peut manquer d'être frappé par la richesse et l'originalité des monuments religieux: ici, peu de grandes cathédrales manifestant le poids de l'autorité hiérarchique de l'Eglise, mais une profusion de chapelles et de fontaines sacrées disséminées à travers le pays; **enclos paroissiaux**, qui rassemblent dans une même enceinte, l'église de la paroisse, le **calvaire**, le cimetière et l'**ossuaire**, où l'on transférait les ossements des défunts lorsque l'espace venait à manquer dans le cimetière.

calvaire de Pleyben

LE CULTE DES MORTS ET LE THÈME DE LA MORT

Le culte des morts et le thème de la mort occupent une place centrale dans la culture bretonne, comme en témoigne Pierre Jakes Hélias dans *Le cheval d'orgueil*:

Je sais seulement que le thème de la mort frappe toujours les gens autour de moi. Sans doute en raison d'un reste de paganisme qui colore leurs obsessions et nourrit une puissance imaginaire qu'il est impossible de ne pas leur reconnaître. [...] Il faut croire que nous sommes bien les héritiers des Celtes, de ceux que le poète Yeats appelle 'le peuple du crépuscule'. Pour nous, la mort est une fête funèbre à l'occasion du départ de quelqu'un vers un autre monde de plain-pied[2] avec celui-ci. Et cette fête trouve naturellement son théâtre dans l'enclos paroissial qui occupe le centre du bourg, domaine des vivants, seulement séparé de lui par le mur du cimetière où reposent les morts. Il faut donc passer à travers les tombes, fouler[3] les reliques, pour accéder à la maison de Dieu, c'est-à-dire à l'Eternité. Ainsi les morts demeurent-ils au contact des vivants et ceux-ci ne peuvent-ils pas les oublier. Quand on fera un cimetière neuf à la sortie du bourg, j'entendrai se plaindre des vieillards proches de la tombe et qui se désoleront à l'idée d'être relégués loin des maisons et du clocher, loin des vivants et loin de Dieu, double disgrâce. Et l'on racontera l'histoire de cet homme à l'agonie et qui se mit en veilleuse[4], refusa de rendre l'âme jusqu'à ce que le maire promît solennellement de l'enterrer dans le vieux cimetière. Ce qui fut fait. Provisoirement.

2 on the same level as

3 to step on

4 kept himself 'ticking over', just alive

Foi et Bretagne

LE CULTE DES SAINTS

Ce christianisme de Basse-Bretagne tirait sa force du fait qu'il était enraciné dans la culture populaire. L'Eglise avait toléré, et souvent accepté d'intégrer et de christianiser ces 'restes de paganisme' dont parle P. J. Hélias, rites pré-chrétiens, croyances populaires... Le menhir de Brignogan montre que le chrétien et le païen font bon ménage en Bretagne.

D'où également cette extraordinaire aptitude des Bas-Bretons à créer et à vénérer une multitude de saints (on en compte environ 700): saints réputés dans toute la province, tels Saint Yves, ou Sainte Anne, mère de la Vierge et patronne de la Bretagne; mais également saints locaux, saints guérisseurs de telle ou telle maladie, saints protecteurs des animaux, etc.

menhir de Pontusval à Brignogan

Cette dévotion aux saints se manifestait particulièrement lors du **pardon**, fête patronale annuelle d'un sanctuaire, qui débutait par une messe, suivie d'une procession, et se terminait par des jeux et des danses traditionnelles.

pardon au pays de Plougastel

LA PAROISSE ET SON RECTEUR[5]

La force de cette religion tenait enfin à l'importance jouée par la **paroisse**, cellule de base de la vie sociale et religieuse. Le Bas-Breton appartenait avant tout à sa paroisse: il manifestait cette identité par le costume et même par la langue, qui se distinguait de celle des paroisses voisines par des nuances de vocabulaire, d'accent ou d'intonation. Mais c'était surtout la religion qui assurait la cohésion de ce 'clan' paroissial:

5 name often given in Brittany to the village priest

> ...une religion du groupe, beaucoup plus qu'une religion individuelle [...], qui s'organise autour des rites, du culte des saints et des morts, autour d'un personnage central, le recteur.
>
> (G. Minois, op.cit.)

C'est ce personnage central qu'évoque André Siegfried dans son *Tableau politique de la France de l'Ouest sous la Troisième République* (1914), à propos du **Léon,** pays fort dévôt, il est vrai, de Basse-Bretagne:

> Ah! ce clergé du Léon, je chercherais en vain la limite de son pouvoir! Il forme vraiment, dans le sens de l'antiquité, une classe sacerdotale dont les arrêts sont des oracles. Cette classe naît du sol même. Chaque famille paysanne [...] tient à honneur de donner à l'Eglise un prêtre ou une religieuse. Un lien étroit, véritable lien du sang, s'établit ainsi entre le peuple et ses bergers. Mais ce n'est pas un lien d'égalité. La croyance populaire fait du représentant de l'Eglise un redoutable dispensateur des faveurs du ciel et des punitions de l'enfer. Entre ses mains souveraines, il tient bien comme saint Pierre, les clefs du paradis; il tient aussi celles de la géhenne[6]. L'aime-t-on, je ne sais. On le craint en tout cas et on le révère. Quand l'enfant, l'adolescent d'hier revient comme prêtre en visite au foyer, ce n'est plus en fils ou en frère, c'est en supérieur, et nul ne songe à le traiter avec familiarité: il a sa chambre spéciale et fréquemment sa table séparée où ses parents eux-mêmes viennent le servir; le sacerdoce[7] l'a revêtu d'un caractère sacré.
>
> Dès lors il est naturel que les prêtres soient les seuls conducteurs de ce peuple, dans toutes les démarches de son existence individuelle, sociale ou politique. Chefs à l'Eglise et dans les familles, ils le sont aussi sur la place publique. [...] Ils désignent l'école où les familles doivent envoyer leurs enfants. Les mariages se font souvent par eux et se feraient difficilement malgré eux. La mairie leur est ouverte, et ils y sont fréquemment installés, surtout quand le maire, au lieu d'être un noble plus ou moins indépendant, n'est qu'un paysan qu'ils dominent. L'ingérence[8] ne s'arrête pas là. Etayée[9] sur le refus d'absolution - cette arme terrible -, elle s'étend aux moindres détails de la vie, non plus seulement de l'homme, mais du citoyen: refus d'absolution à qui n'a pas voté ou ne promet pas de voter pour le candidat du presbytère. Refus d'absolution à qui lit un journal autre que les journaux patronnés, propagés, rédigés par les membres du clergé. Refus d'absolution, cela va sans dire, pour quiconque laisse son enfant dans une de ces écoles laïques flétries[10] du nom d'écoles sans Dieu!

CATHOLICISME BLANC ET CATHOLICISME BLEU

Tous les Bretons n'étaient cependant pas aussi soumis à leur clergé que les Léonards. Michel Lagrée[11] distingue les régions de **'catholicisme blanc'**[12] de celles de **'catholicisme bleu'**[13]:

- dans les premières, les fidèles acceptaient la direction sociale et politique de l'Eglise et la soutenaient dans le conflit qui l'opposait, depuis la Révolution, aux idées républicaines.

- dans les secondes, au contraire, l'influence du clergé s'arrêtait à la porte de l'église. Ainsi, dans une lettre pastorale de 1913, l'archevêque de Rennes se lamentait que ces 'chrétiens dans la vie privée [aillent, au moment des élections] donner leur suffrage aux pires ennemis de la religion' (M. Lagrée, op. cit.).

---

6 hell

7 priesthood

8 interference
9 relying on [the power to refuse...]

10 branded

11 in *Religion et culture en Bretagne,* Fayard, 1992
12 white is the colour associated with French royalty
13 blue is the colour associated with the French republic

Foi et Bretagne

Avant 1914	Bretagne blanche	Bretagne bleue
Pratique religieuse	forte	forte
Ecole catholique	forte	faible
Vote	droite	gauche

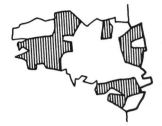

IIII Plus de 60% de prêtres jureurs acceptant la république en 1791

IIII Plus de la moitié des enfants à l'école primaire laïque en 1950

Bretagne blanche et Bretagne bleue depuis la Révolution
Source: G. Minois, op.cit.

IIII Moins de 50% de messalisants vers 1960   IIII Majorité de gauche aux élections de 1978

LE DÉCLIN DES PRATIQUES RELIGIEUSES

Cette société bretonne traditionnelle, essentiellement rurale et repliée sur elle-même[14], s'est ouverte au monde moderne au cours du 20ème siècle. L'Eglise, qui était le pilier de cette société, a vu son influence décliner, puis s'effondrer à partir des années 60.

14 inward looking

On comptait encore en moyenne 53% de messalisants réguliers dans les années 50; ils ne sont plus que 20% à la fin des années 80, la moyenne nationale étant d'environ 15%. A Ploudalmézeau, dans le Léon, on est même passé de 88% en 1957 à 19% en 1979! Cette évolution ne semble pas près de s'arrêter: 9% de pratique dominicale seulement chez les 18-29 ans.

On fait de moins en moins appel à l'Eglise pour marquer les grandes étapes de la vie: seul l'enterrement religieux demeure de rigueur.

Cérémonies religieuses dans le Finistère			
	Baptêmes	Mariages	Enterrements
1966	97%	94%	96%
1986	75%	75%	95%

Le Finistère de la préhistoire à nos jours, dirigé par Yves Le Gallo, Bordessoules, 1991

La fréquentation des pardons, qui constituaient un temps fort de la vie religieuse traditionnelle, semble s'être mieux maintenue: les grands pardons continuent d'attirer les foules, tel celui de Sainte-Anne-d'Auray, auquel 30 000 pélerins ont assisté en 1993. Manifestation de ferveur religieuse, peut-être; mais le pardon est sans doute devenu aussi un spectacle, objet de curiosité touristique pour un passé révolu[15], au même titre que les fêtes folkloriques: 'La foi s'en va, même si les Kodak se multiplient', écrivait A. Dupouy, dès 1963 (cité par Y. Le Gallo, op. cit.). Quant aux saints, ils ont cessé d'être objets de culte pour devenir objets d'art, quittant l'église pour les musées ou les magasins d'antiquités.

15 bygone

La liturgie et les croyances elles-mêmes ont changé. Les anciens ne reconnaissent plus la religion qu'ils ont connue: le latin et le breton ont été remplacés par le français; la confession et l'expiation des péchés, le diable et la perspective des tourments de l'enfer, tout cela appartient au passé pour les nouveaux croyants. Dieu punit moins, et pardonne plus qu'autrefois, la religion est devenue *soft*. La paysanne du Léon interviewée par Fanch Elegoët résume bien cette mutation de la culture religieuse bretonne:

> Autrefois,[...] on nous montrait le chemin du ciel: oh, mon Dieu, qu'il était étroit, et qu'il fallait monter très haut, très haut! Ce chemin était difficile!... Maintenant, on l'a sans doute goudronné.
> (F. Elegoët, *Paysannes du Léon*, Tud Ha Bro, 1980)

LE DÉSENGAGEMENT POLITIQUE DE L'ÉGLISE

Depuis la Révolution, l'Eglise avait été au premier rang des affrontements politiques et sociaux:

- elle fut hostile à la Révolution: plus de la moitié du clergé breton refusa de prêter serment à la Constitution de la nouvelle république en 1791.
- elle fut majoritairement royaliste et conservatrice au 19ème siècle;
- elle s'engagea dans la défense de l'école catholique contre l'ambition de la Troisième République (1875-1939) de contrôler l'éducation.

L'Eglise a aujourd'hui cessé le combat politique: l'Eglise et ses fidèles se sont ralliés peu à peu à la République depuis le début du siècle. Depuis les années 60, le clergé ne donne plus de consignes de vote à la messe du dimanche; l'Eglise est devenue neutre et respectueuse de toutes les convictions politiques.

Foi et Bretagne

LES CATHOLIQUES ET LA POLITIQUE

Les pratiques religieuses continuent d'influencer les comportements politiques. En 1988, le duel des élections présidentielles entre F. Mitterrand et J. Chirac n'a pas effacé l'ancienne division entre une Bretagne blanche, votant à droite et une Bretagne bleue, votant à gauche. Les catholiques pratiquants continuent de donner leurs suffrages à la droite (88% ont voté pour J. Chirac). Cependant ces pratiquants sont de moins en moins nombreux, et le contraste entre les deux Bretagne est de moins en moins marqué.

Les partis politiques sont moins divisés sur la question religieuse. Chose impensable il y a trente ans, un bon nombre de militants du Parti Socialiste sont catholiques. Selon un sondage effectué en octobre 1993 à Brest par le journal *Le Télégramme de Brest*, 83% des personnes interrogées déclarent que 'les convictions religieuses d'un candidat à une élection politique n'interviennent pas dans leur choix'.

L'ÉDUCATION: UN CAS À PART?

En 1993, l'école catholique, aussi appelée **'école libre'**, accueillait 17% des jeunes Français. En Bretagne, 41% des jeunes étaient scolarisés dans l'enseignement catholique. Etant donné la force relative de l'école catholique en Bretagne, la rivalité entre les deux écoles, **privée** et **publique**, y a longtemps donné lieu à une véritable 'guerre scolaire'. Cette querelle, apaisée depuis les années 60, est toujours prompte à se ranimer à la moindre étincelle.

• *L'affrontement des idées*

Depuis le 19ème siècle, l'Etat et l'Eglise se disputent, à propos de l'éducation, la direction de la jeunesse. Il s'agit d'un véritable choc à la fois politique, philosophique et moral entre deux cultures, deux France antagonistes. En 1882, par la loi Jules Ferry, l'école primaire publique devient **laïque**: elle exclut toute éducation religieuse de ses programmes, et se prétend donc neutre à l'égard de toutes les religions.

Mgr Freppel, à la fois évêque et député, dénonce cette soi-disant neutralité de l'école publique:

> ... c'est là une pure chimère. Ne pas parler de Dieu à l'enfant pendant sept ans, alors qu'on l'instruit six heures par jour, c'est lui faire croire positivement que Dieu n'existe pas. [...] Expliquer à l'enfant les devoirs de l'homme envers lui-même et envers ses semblables, et garder un silence profond sur les devoirs de l'homme envers Dieu, c'est lui insinuer clairement que ces devoirs n'existent pas ou qu'ils n'ont aucune importance.
> (Cité par Antoine Prost, *L'enseignement en France 1800-1967*, Collection U, Armand Colin, 1968)

L'école laïque est donc une école 'sans Dieu'.

Au contraire, pour les 'laïques', tel Ferdinand Buisson dans un discours prononcé au congrès du Parti Radical de 1903, l'Eglise est incapable de donner une éducation authentique:

> On ne fait pas un républicain comme on fait un catholique. Pour faire un catholique, il suffit de lui imposer la vérité toute faite: la voilà, il n'a plus qu'à l'avaler. Le maître a parlé, le fidèle répète. [...] L'éducation cléricale aboutit à ce commandement: croire et obéir, foi aveugle et obéissance passive.
> Pour faire un républicain, il faut prendre l'être humain si petit et si humble qu'il soit [...], l'homme le plus inculte, le travailleur le plus accablé de travail, et lui donner l'idée qu'il faut penser par lui-même, qu'il ne doit ni foi ni obéissance à personne, que c'est à lui de chercher la vérité et non pas à la recevoir toute faite d'un maître, d'un directeur, d'un chef, quel qu'il soit, temporel ou spirituel.
> Citoyens, je vous en prie, réfléchissez-y: est-ce qu'on apprend à penser comme on apprend à croire? Croire, c'est ce qu'il y a de plus facile, et penser, ce qu'il y a de plus difficile au monde.
>
> (Cité par A. Prost, op. cit.)

• *La 'guerre scolaire' en Bretagne*

En Bretagne, la mission de l'instituteur public était de faire en sorte que les Bretons cessent d'être bretons pour devenir de bons Français républicains. Cette mission était diamétralement opposée à celle que Mgr Duparc, évêque de Quimper, donnait à l'école privée:

> Le breton doit être étudié pour lui-même. Nos enfants doivent arriver à mieux connaître la grammaire élémentaire de leur langue maternelle. Ce sont les journaux et les livres bretons qu'ils liront en famille le plus souvent. Mais cette lecture les déconcertera, si les éléments de leur dialecte ne leur ont pas été enseignés sommairement.[...] Qu'on leur mette en main quelque manuel de débutant; qu'on leur donne l'Evangile, le *Testament koz*[16]; qu'on leur apprenne l'histoire populaire de la Bretagne dans la langue du pays, une histoire courte, mettant bien en relief les grands hommes et les bons saints qui furent les pères de la petite Bretagne.
>
> (*Semaine Religieuse de Quimper et du Léon*, 1910, cité par Le Gallo, op. cit.)

16 Old Testament

Sous la Troisième République, la querelle scolaire prend des allures de croisade, et parfois d'inquisition dans les paroisses bretonnes: l'instituteur laïque fait du porte-à-porte pour recruter des élèves; l'Eglise invente un nouveau type de péché, le 'péché scolaire', commis par les parents qui persistent à envoyer leurs enfants à l'école du Diable, péché pour lequel ils peuvent être privés de communion ou des Pâques.

• *Une querelle du passé?*

La querelle scolaire, qui a dominé la vie politique et sociale en Bretagne pendant près de cent ans, semble s'apaiser lorsque la loi Debré de 1959 offre aux écoles privées des 'contrats d'association': l'Etat prend à sa charge une partie des dépenses de ces écoles, en particulier les salaires des enseignants; de leur côté, les écoles acceptent certaines contraintes, particulièrement en ce qui concerne les programmes.

Foi et Bretagne

L'école catholique devient ainsi de moins en moins 'privée', les frais de scolarité étant peu élevés. Elle devient également de moins en moins 'catholique', comme l'explique Michel Denis (entretien cité):

> Les enseignants ne se distinguent plus de leurs collègues de l'enseignement public: ils sont aussi peu pratiquants, ils divorcent autant [...]. L'enseignement, dans l'immense majorité des établissements privés, n'est pas plus catholique que dans les établissements publics. On ne voit plus la différence: les livres d'histoire sont les mêmes depuis déjà un certain temps, et même les livres de sciences naturelles expliquent la reproduction humaine de la même façon! Quant à l'éducation religieuse, n'en parlons pas! Un sociologue, Yves Lambert, a fait des comparaisons en interrogeant des élèves du public et du privé sur leur formation religieuse, sur des choses simples comme la résurrection du Christ ou Pâques. Et bien, l'inexactitude ou l'approximation des réponses n'est pas plus rare dans les établissements privés que dans les établissements publics.

Le privé s'aligne sur le public. Un nombre croissant de parents, surtout dans les villes, ne choisissent plus l'école de leurs enfants en fonction de critères religieux, mais pédagogiques. Et pourtant, l'attachement des Bretons à l'un ou l'autre ordre d'enseignement reste dans l'ensemble presque aussi fort qu'autrefois, particulièrement dans les zones rurales. Ils sont prêts à se mobiliser à la moindre alerte. Ainsi, le 18 février 1984, 400 000 partisans de l'école catholique ont manifesté dans les rues de Rennes contre un projet de réforme du gouvernement socialiste: 'Enseignement privé: une marée humaine dans les rues de Rennes', titrait *le Télégramme de Brest* du 20 février, décrivant l'événement comme 'la plus importante manifestation de force, la plus vaste expression collective d'une conviction auxquelles il ait été donné d'assister depuis très longtemps'.

Le projet socialiste fut promptement retiré!

Dix ans plus tard, sous un gouvernement de droite, des milliers de Bretons défilaient à Paris le 16 janvier 1994 à la tête d'une manifestation de 600 000 personnes, cette fois-ci pour défendre l'école publique.

Le projet de la droite fut lui aussi promptement modifié!

L'ÉGLISE ET LA MODERNITÉ

L'Eglise catholique est longtemps restée le plus ardent défenseur de la Bretagne du passé. Elle s'efforçait de préserver son troupeau de la contamination des idées nouvelles qui venaient des villes, et qui étaient véhiculées par la langue française: le clergé défendait alors la langue bretonne qui constituait un rempart contre la pénétration des influences extérieures.

Contrairement à l'école publique, qui croyait à la promotion sociale par l'éducation, l'Eglise n'encourageait guère les jeunes à poursuivre leurs études: freiner l'éducation, c'était en même temps freiner l'ambition de partir, d'émigrer vers les villes, ces lieux de modernité où l'on perdait la foi.

Vers la fin du 19ème siècle cependant, une nouvelle tendance se dessine, plus éprise[17] de justice sociale et ouverte à la modernité. Une ouverture timide apparaît déjà dans ce texte daté de 1868:

17 enthusiastic about

> Pour vous aussi, enfants de Bretagne, cette époque est critique, et vous avez besoin aujourd'hui plus que jamais de savoir rester ce que vous êtes. Jusqu'ici vous viviez dans votre belle province, bien fermes en vous-mêmes, à l'abri d'un contact trop fréquent avec l'étranger, sous la triple sauvegarde de votre foi, de votre langue, de vos traditions. [...] Mais voici qu'une situation nouvelle s'est préparée pour vous: le mouvement d'affaires propre à notre temps vous enveloppe de toutes parts; les influences de l'extérieur vous pénètrent malgré vous; un échange d'idées plus rapide, des communications plus faciles multiplient vos rapports avec les hommes et les choses du dehors; les lignes de chemin de fer qui sillonnent vos campagnes vont y porter tour à tour le mal comme le bien, l'erreur non moins que la vérité [...] N'empruntez à la civilisation moderne que ce qu'elle a de bon, et repoussez énergiquement tout ce que le torrent des nouveautés peut charrier[18] d'éléments impurs.
>
> (*La Semaine religieuse du diocèse de Rennes*, 17 octobre 1868, cité par M. Lagrée, op. cit.)

18 to bring, introduce

Dans l'entre-deux-guerres, et plus encore dans les années 50 et 60, ce catholicisme social s'affirme en Bretagne: il décide 'd'emprunter à la civilisation moderne ce qu'elle a de bon' et de le transmettre aux jeunes générations. A travers ses associations de loisir (clubs sportifs, salles de cinéma, patronages[19]) et ses mouvements de jeunesse, l'Eglise a ainsi été un agent très actif du réveil de la Bretagne après la guerre. C'est en particulier au sein de la JAC* (Jeunesse Agricole Chrétienne) que les jeunes paysans apprennent à rejeter la résignation de leurs parents et le retard technique, en se réunissant et en réfléchissant ensemble:

19 a kind of Catholic youth club

> Le seul fait, pour les jeunes paysans de la région, de se réunir avec le vicaire pour discuter d'eux-mêmes et de leur milieu, à partir d'un texte de l'Evangile, constituait une rupture fondamentale par rapport à la religiosité traditionnelle, faite de soumission plus ou moins sélective aux vérités et commandements imposés d'en haut [...]. Il fallait agir et non pas subir, de telle sorte que les jacistes étaient indissociablement des missionnaires de l'Eglise, de la modernisation et de la profession.
>
> (*JAC et modernisation de l'agriculture de l'ouest*, Yves Lambert, Rennes, INRA, 1980, cité par D. Hascoët, *De la JAC à la politique*, Calligrammes, Quimper, 1992)

Selon Michel Denis (entretien cité):

> C'est de ces milieux catholiques que sont sortis les artisans de la modernisation agricole, et du réveil économique de la Bretagne, ces militants jacistes qui sont devenus dirigeants de syndicats agricoles, et même chefs d'entreprise.

Foi et Bretagne

L'Eglise n'a cependant pas bénéficié de son travail: ayant appris à voler de leurs propres ailes, ces militants chrétiens se sont eux-mêmes détachés de la pratique religieuse, se sont émancipés de l'Eglise, coupant fréquemment le cordon ombilical qui les reliait à la maison-mère.

L'influence de l'Eglise sur la société en général a considérablement décliné. La Bretagne s'est **laïcisée**[20], comme les autres sociétés occidentales.

20 has become secularised

ACTIVITÉS

1. Traduisez en anglais l'extrait du *Cheval d'orgueil* (Je sais seulement... provisoirement), p. 28.

2. Résumez en une centaine de mots les caractéristisques principales de la religion en Basse-Bretagne (pp. 27-30).

3. Etudiez les cartes sur la Bretagne blanche et la Bretagne bleue (p. 31) et expliquez l'évolution qu'elles décrivent.

4. Une vieille paysanne du Léon vous raconte l'importance qu'avait la religion dans sa jeunesse. Imaginez ce qu'elle vous dit sur:

- son frère qui est devenu recteur
- l'importance du pardon annuel dans le village
- la relation entre l'école catholique et l'école laïque
- la pratique religieuse dans son village

5. Selon vous, quelles sont les causes principales du déclin de l'Eglise en Bretagne?

4 LA LANGUE BRETONNE

Personne n'entend plus un peuple qui perd ses mots.
François Mitterrand, *Réflexions sur la politique extérieure de la France.*

On distingue en Bretagne deux zones linguistiques: la Basse-Bretagne*, ou Bretagne bretonnante, où le breton est parlé à l'ouest d'une ligne allant de Paimpol à Vannes; à l'est, la Haute-Bretagne*, zone francophone, souvent appelée la Bretagne **gallo**, du fait que, dans les campagnes, on y parle toujours le gallo, dialecte parent mais distinct du français.

Avant que le français ne devienne, au 20ème siècle, un instrument de communication partagé par tous les Bretons, bretonnants et francophones ne pouvaient se comprendre. En effet, le breton appartient au groupe des langues celtiques, qui se subdivisent en deux groupes:

branche gaélique	branche brittonique
gaélique d'Irlande	gallois
gaélique d'Ecosse	breton
manxois (île de Man)	cornique

La langue bretonne descend directement du brittonique que les populations venues d'outre-Manche ont apporté avec elles entre le 5ème et le 7ème siècle. Les Bretons et leur langue se sont implantés principalement dans la partie occidentale de la péninsule, la partie orientale passant rapidement dans l'aire d'influence des langues romanes, ancêtres du français et du gallo.

Il faut donc souligner l'existence, très tôt, de deux Bretagne, linguistiquement et culturellement distinctes. Rennes et Nantes, les deux capitales historiques de la Bretagne, n'ont jamais été bretonnantes. Le drapeau breton, le *Gwenn Ha Du*[1], avec ses hermines[2] et ses bandes blanches et noires, conçu en 1925 par Morvan Marchal, symbolise la dualité linguistique de la Bretagne: les quatre bandes blanches du drapeau représentent les pays bretonnants (Léon, Trégor, Cornouaille et Vannetais), les cinq noires les pays gallos (Rennais, Nantais, Malouin, Dolois et Penthièvre).

1 white and black
2 ermine, symbol of the dukes of Brittany

La langue bretonne

le drapeau breton

UNE LEÇON DE BRETON

Les deux principaux journaux régionaux, *Ouest-France* et *Le Télégramme de Brest*, publient chaque semaine une leçon de breton. A titre d'exemple, voici le résumé d'une leçon préparée par André Lemercier, publiée par *Ouest-France* le 22 novembre 1993, abordable par tous les débutants!

PEVARE KENTEL (quatrième leçon)

1. **Job ar Gov zo tad Yann ha Mari.**
(Joseph Le Goff est le père de Jean et de Marie).

Janedig ar Gall zo mamm Yann ha Mari
(Jeannette Le Gall est la mère de Jean et de Marie).

2. *Traduisez la phrase suivante en français:*

Tad Yann ha Mari zo Job ar Gov. Mamm Yann ha Mari zo Janedig ar Gall.

On met en tête de phrase le mot sur lequel on veut insister (le père de Jean et Marie, c'est..)

3. **Tad Yann ha Mari zo Job ar Gov? Ya!**
(le père de Jean et Marie est Jean Le Goff? Oui!).

C'est l'intonation, dans la langue parlée, qui indique qu'il s'agit d'une question.

4- **Piou zo tad Yann ha Mari?**
(qui est le père de Jean et Marie?)

Piou? (prononcé en deux syllabes pi-ou) est le pronom interrogatif 'Qui?' (Attention: en français, 'qui' est aussi un pronom relatif. 'Piou' est seulement un pronom interrogatif.)

Exercice: faites dix phrases (questions et réponses) analogues à celles de cette leçon en choisissant vos noms de famille ou ceux de connaissances.

Pour bien montrer que le breton est très différent du français, il suffit de comparer cet extrait d'une chanson populaire du *Barzaz Breiz* avec sa traduction:

Un alarc'h, un alarc'h tramor, *War lein tour moal kastell Arvor!*	Un cygne, un cygne d'outre-mer, au sommet de la vieille tour du château d'Armor!
Dinn, dinn, daon! d'an emgann! *d'an emgann!* *O! dinn, dinn, daon! d'an emgann ez an!*	Dinn, dinn, daon! au combat! Oh! dinn, dinn, daon! je vais au combat!
Neventi vat d'ar Vretoned! *Ha mallozh ruz d'ar C'hallaoued!* *Dinn, dinn, daon!...hag all*	Heureuse nouvelle aux Bretons! Et malédiction rouge aux Français! Dinn, dinn, daon!... etc.
Erru ul lestr e pleg ar mor, *E ouelioù gwenn gantan digor;*	Un navire est entré dans le golfe, Ses blanches voiles déployées;
Degoue'et an aotrou Yann en-dro, *Degou'et eo da ziwall e vro;*	Le seigneur Jean est de retour, Il vient défendre son pays;
D'hon diwall doc'h ar C'hallaoued, *A vac'hom war ar Vretoned.*	Nous défendre contre les Français, Qui empiètent sur les Bretons.

LE DÉCLIN DE LA LANGUE BRETONNE

Parlé dans la majeure partie de la Bretagne à la fin du 8ème siècle, le breton a vu sa frontière linguistique se déplacer progressivement vers l'ouest.

L'inquiétude ne vient cependant pas de cette érosion, somme toute très lente de l'aire géographique du breton. C'est au sein même de la population de Basse-Bretagne que le recul s'est accéléré depuis un siècle.

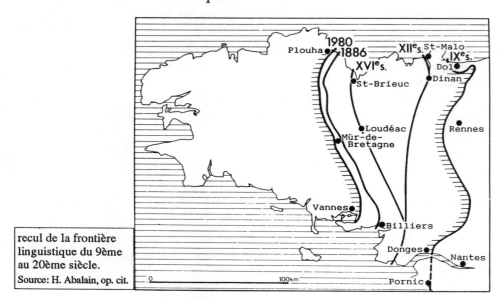

recul de la frontière linguistique du 9ème au 20ème siècle.
Source: H. Abalain, op. cit.

La langue bretonne

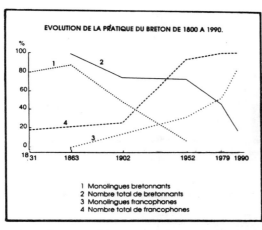

évolution de la pratique du breton de 1800 à 1990

Source: graphique de F. Broudig, 'L'évolution de la pratique du breton depuis la fin de l'Ancien Régime jusqu'à nos jours', publié dans *Le Pays Breton*, septembre 1993.

Un sondage[3] intitulé *La pratique du breton*, réalisé en Bretagne bretonnante sur un échantillon de 1 000 personnes donne une idée assez précise de la situation actuelle:

[3] TMO Ouest / F. Broudig (1991)

	OUI	NON
Comprenez-vous le breton?	55.5%	44.5%
Parlez-vous le breton?	21%	79%
Ecrivez-vous le breton?	4.5%	95.5%
Lisez-vous le breton?	10.5%	89.5%

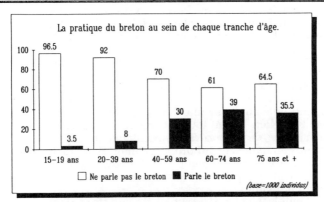

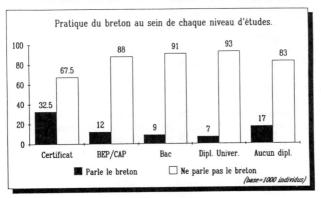

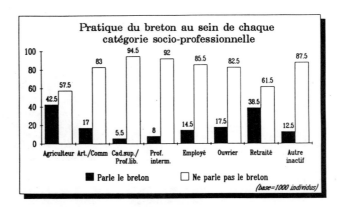

Source: sondage *La pratique du breton*

Derrière la sécheresse des chiffres, se cachent bien souvent des drames humains, tels ceux des derniers monolingues qui ont disparu dans les années 50:

Le Mur

Il n'a pas eu l'occasion d'apprendre à lire. Ni l'envie ni le besoin. Quand il était enfant, l'instruction était un luxe inutile, presque une ambition déplacée pour un petit misérable de son espèce. Il était appelé à vivre en répandant sa sueur sur les terres des autres, sans faire connaissance avec le monde qu'à travers deux ou trois cantons[4]. Il y avait pourtant une école au bourg[5], mais le bourg était trop loin. Et qui aurait gardé les deux vaches, les trois soeurs et le petit frère? Plus tard, il aurait pu comme quelques autres, profiter de son temps de service[6] pour se fourrer le nez dans le papier noirci. Mais il avait une jambe plus courte que l'autre. On n'a pas voulu de lui sous le drap bleu[7].

Cela ne l'a pas empêché de se marier, d'élever cinq enfants qui ont tous attrapé leur certificat d'études[8] à l'époque où celui-ci était un grand honneur pour une famille pauvre. Le dernier garçon est même bachelier. Ils ont tous été très respectueux envers leur père qui n'a jamais, de toute sa vie, construit une seule phrase en français. De temps en temps, ils lui proposaient en riant, de lui apprendre à lire et à parler cette langue. En riant aussi, la joue un peu rouge, il répondait qu'il y penserait sérieusement quand il aurait appris à jouer au football.

Et puis le temps a passé sur lui. Il a vu arriver, dans sa maison, des gendres et des brus auxquels il ne pouvait parler qu'avec un de ses enfants pour interprète. Il est devenu grand-père de jeunes gens qui savent l'anglais et l'allemand, mais qui ne connaissent du breton que *tad-koz*[9] et quelques bribes de vocabulaire. Il a perdu sa femme. Il a vu partir tous ses amis. Maintenant, il habite en ville, patrouillant dans les rues à la recherche de quelqu'un à qui tenir conversation dans sa langue. L'autre jour, je l'ai rencontré avec deux vieillards aussi illettrés que lui. Nous avons fait plus de bruit en breton, à nous quatre, que toute une chambrée de caserne. Quand il a fallu nous séparer, il m'a dit en soupirant: 'Adieu, Jakez! Je retourne derrière mon mur.'

(P.J. Hélias, *Les autres et les miens*, Plon, 1977)

---

4 subdivisions of a *département*
5 village
6 i.e. military service
7 i.e. military uniform
8 school leaving certificate (at age 14)
9 literally 'old man', i.e. grand-father

La langue bretonne

POURQUOI LE BRETON A-T-IL DÉCLINÉ?

• *L'abandon du breton par les élites*

A partir du 11ème siècle, les ducs de Bretagne, installés en zone romane, à Nantes ou à Rennes, sont totalement francisés, et leur exemple est suivi par les élites aristocratiques et religieuses de Haute-Bretagne. En Basse-Bretagne, les classes cultivées abandonnent le breton au 17ème siècle pour le français, devenu langue de pouvoir et de culture. Abaissé au rang inférieur de parler populaire, le breton tend alors à se scinder[10] en dialectes locaux.

10 to split into

Trahie par les élites sociales, la langue bretonne est aussi abandonnée par les écrivains, qui réservent leur plume au français: jusqu'au 19ème siècle, seul le clergé semble occuper la scène littéraire bretonne, avec des oeuvres essentiellement destinées à l'éducation religieuse des masses.

• *La répression linguistique*

La Révolution déclara une véritable guerre à la langue bretonne: selon ses détracteurs, celle-ci n'était qu'un 'idiome' vulgaire, un 'dialecte', un 'patois', voire un 'jargon', totalement impropre à exprimer la moindre pensée. Langue étrangère, elle ne pouvait être qu'une langue d'étrangers et l'on ne pouvait à la fois se dire français et parler breton.

Enfin, le breton symbolisait, avec le clergé et l'ancienne noblesse, la résistance au nouvel ordre politique et social. Cet extrait du rapport Barrère de 1794 montre bien qu'il s'agissait d'un combat politique:

> Les habitants des campagnes n'entendent que le bas-breton; c'est avec cet instrument barbare que les prêtres et les intrigants[11] les tiennent sous leur empire, dirigent leurs consciences, et empêchent les citoyens de connaître les lois et d'aimer la République.
>
> [...] Les conséquences de cet idiome sont si sensibles, que les paysans confondent le mot loi et celui de religion.
>
> (*Archives départementales du Finistère*, cité par Y. Le Gallo, op. cit).

11 schemers, here plotting against the Revolution

Deux siècles plus tard, bien que cette guerre soit aujourd'hui terminée, on retrouve les mêmes accents dans un récent débat tenu à l'Assemblée Nationale au sujet du statut des langues minoritaires:

> **M. Le Président:** La parole est à M. Pandraud[12].
>
> **M. Robert Pandraud:** Je serai bref, M. le Président.[...] Je ne suis pas de ceux qui considèrent que les dialectes ont été une source d'enrichissement pour notre pays. (*Exclamations sur divers bancs*.)
>
> **M. Michel Pezet**[13]. Des langues, non des dialectes!
>
> **M. Robert Pandraud:** Dans le village où j'ai été élevé, j'étais à neuf, dix ans à peu près le seul francophone.
>
> **M. Michel Pezet:** Un Provençal[14] a eu le prix Nobel de littérature!
>
> **M. Robert Pandraud:** J'ai vu les monuments aux morts de la

12 Gaullist Member of Parliament and former minister

13 Socialist minister for Marseille

14 i.e. the poet Frédéric Mistral

guerre 1914-1918 de ma région, et je me suis aperçu que le fait que les commandements étaient exprimés en français, dans une langue que ne connaissaient pas les soldats d'infanterie, avait multiplié par trois ou quatre les pertes par rapport à d'autres régions de France.

Je rends hommage à l'école laïque et républicaine...

M. Bernard Schreiner et M. Yves Durand: Très bien!

M. Robert Pandraud: ...qui a souvent imposé le français avec beaucoup d'autorité -il fallait le faire- contre toutes les forces d'obscurantisme social, voire religieux, qui se manifestaient à l'époque. Je suis également heureux que la télévision ait été un facteur d'unification linguistique. Il est temps que nous soyons aussi français par la langue.

S'il faut apprendre une autre langue étrangère à nos enfants, ne leur faisons pas perdre de temps avec des dialectes qu'ils ne parleront jamais que dans leur village: enseignons-leur le plus tôt possible une langue internationale! Ce sera du temps de gagné, pour eux, pour la France, et pour l'avenir.

(*Journal Officiel* du 13 mai 1992, cité par F. Favereau, op. cit.)

La politique de répression linguistique fut systématiquement poursuivie jusqu'au milieu du 20ème siècle. Exclu de la vie publique (administrations et services publics), le breton fut également banni de la salle de classe et même de la cour de récréation: on accrochait au cou de l'enfant surpris à parler breton un objet, qu'on appelait le 'symbole' ou la 'vache'. L'enfant ne pouvait se débarrasser de ce signe d'infamie qu'en dénonçant l'un de ses camarades, coupable du même crime.

A l'école...

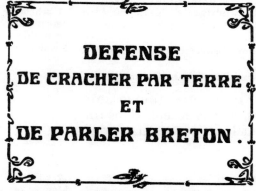

Quant aux parents, ils n'offraient guère de résistance à cette politique; bien au contraire, ils étaient nombreux à considérer leur langue comme un handicap, comme un obstacle à toute promotion sociale: non seulement ils incitaient leurs enfants à apprendre le français, mais ils s'abstenaient souvent, quand ils le pouvaient, de leur transmettre une langue dévalorisée 'qu'ils avaient traînée avec eux comme un prisonnier traîne son boulet'[15] (Lukian Kergoat[16], directeur du département d'Etudes Celtiques à l'Université de Haute-Bretagne, Rennes).

15 ball and chain
16 in an interview, 22.11.93

• *Une civilisation en voie de disparition*

Peu d'hommes politiques osent aujourd'hui se féliciter publiquement de la disparition des langues régionales, comme le fait ci-dessus le député Robert Pandraud. Depuis quelques décennies, la répression de la langue bretonne a fait place, dans les discours officiels, à la tolérance, voire au respect des identités culturelles. Pourtant, le déclin du breton s'accélère inexorablement.

Liée à une civilisation rurale et maritime en voie de disparition, la langue bretonne semble s'éteindre d'elle-même. Dans la nouvelle société bretonne, l'ouverture sur l'extérieur, à la fois économique et culturelle, a puissamment contribué à assurer la domination exclusive du français: 'il n'est plus nécessaire de savoir le breton en Basse-Bretagne; il est indispensable, au contraire, de savoir le français'[17].

17 F. Broudig (op. cit.)

LE DISCOURS OFFICIEL CONTEMPORAIN

La langue bretonne ne peut survivre que si un nombre suffisant de Bretons le veulent véritablement, et si les pouvoirs publics consentent, non pas à la tolérer, mais à en promouvoir l'usage.

On peut mesurer le chemin parcouru, du moins au niveau du discours, à travers les déclarations de principe des trois derniers Présidents de la République:

- **G. Pompidou (1969-74)**:

  Il n'y a pas de place pour les langues et cultures régionales dans une France qui doit marquer l'Europe de son sceau (1972).

- **V. Giscard d'Estaing (1974-81)** signe en mars 1978 une *Charte culturelle de Bretagne* qui reconnaît pour la première fois officiellement l'identité bretonne:

  La présente Charte constitue de la part de l'Etat [...] un acte de reconnaissance de la personnalité culturelle de la Bretagne et l'engagement d'en garantir le libre épanouissement.[...]

  La Charte recouvre les activités spécifiques à la culture bretonne, l'enseignement de sa langue aux différents niveaux du système éducatif et la diffusion de cette culture et de cette langue.

- **F. Mitterrand (1981-95)** semble annoncer le début d'une ère nouvelle dans son discours de Lorient, le 14 mars 1981:

  C'est blesser un peuple au plus profond de lui-même que de l'atteindre dans sa culture et dans sa langue. Nous proclamons le **droit à la différence**.[...] Il est indigne de la France qu'elle persiste dans cette persécution honteuse, qu'elle soit le dernier pays d'Europe à refuser à ses composantes les droits culturels élémentaires reconnus dans les conventions internationales qu'elle a elle-même signées.[...] Au-delà des bonnes paroles, il faut des actes [...] Le temps est venu d'un statut des langues et cultures de France. Le temps est venu de leur ouvrir grandes les portes de l'école, de créer les sociétés régionales de radio et télévision permettant leur diffusion, de leur accorder toute la place qu'elles méritent dans la vie publique.

Après le temps de la répression, puis celui de la concession, en est-on arrivé à celui de la promotion de la langue bretonne?

L'ENSEIGNEMENT DU BRETON

La **loi Deixonne** du 11 janvier 1951 autorise pour la première fois l'enseignement du breton dans les écoles primaires et secondaires. Evénement symbolique, puisqu'il marque la fin d'un interdit séculaire. Ce n'était cependant que le début d'une longue marche, qui est loin d'être terminée aujourd'hui.

Depuis plusieurs décennies, en effet, cet enseignement est largement privé des moyens d'exister:

> - manque de ressources budgétaires
> - relégation de cette matière aux confins, ou en dehors des programmes scolaires (il a fallu attendre 1970 pour que le breton soit pris en compte dans la notation du baccalauréat)
> - cours programmés à des heures difficiles.

Tout concourt à décourager les meilleures volontés!

Pour les pouvoirs publics, le breton est une matière superflue, comme le montre cette déclaration, faite en 1973 par J. Fontanet, ministre de l'Education Nationale:

> Il s'agit de savoir si un enseignement généralisé d'une langue régionale durant toute la scolarité secondaire a un caractère de nécessité, voire d'utilité, compte tenu de ses conséquences possibles sur l'équilibre général des enseignements, l'apprentissage des langues vivantes, la pratique correcte de la langue française.
> (Cité par Jorj Gwegen, *La langue bretonne face à ses oppresseurs*, Nature et Bretagne, 1975)

Quelques progrès significatifs ont été effectués dans les années 80:

> - étude du breton en seconde ou troisième langue vivante
> - la circulaire Savary[18] crée des filières bilingues où français et breton sont également utilisés pour l'enseignement de différentes matières. Elles concernent aujourd'hui environ 700 élèves.

18 Alain Savary, Socialist education minister in 1980s

Globalement, le breton est enseigné à une infime minorité d'élèves en Bretagne, et cet enseignement se réduit le plus souvent à une simple initiation:

Nombre d'élèves apprenant le breton pendant l'année scolaire 1993-1994		
Niveau d'enseignement	Enseignement public (371 700 élèves)	Enseignement privé catholique (254 400 élèves)
Primaire (6 - 11 ans)	7 913	235
Premier cycle (11 - 16 ans)	2 760	460
Second cycle (16 -18 ans)	1 200	416
TOTAL	11 900	1 110
POURCENTAGE	**3.2%**	**0.44%**

D'après les chiffres communiqués par le Rectorat et la Direction diocésaine de Saint-Brieuc.

Longtemps le parent pauvre dans l'enseignement supérieur, le breton bénéficie, depuis 1989, d'un cursus universitaire complet: 250 étudiants environ se spécialisent en breton à l'université de Rennes, une centaine à celle de Brest. Avancée significative pour l'enseignement du breton, un CAPES (Certificat d'Aptitude Professionnelle à l'Enseignement Secondaire)[19] de breton a été créé en 1985. Le nombre de professeurs recrutés est cependant limité à quatre par an actuellement.

Malgré ces quelques progrès, le bilan apparaît bien maigre: beaucoup d'élèves n'ont pas la possibilité d'étudier le breton à l'école, ou de poursuivre une scolarité complète. L'enseignement du latin est beaucoup mieux assuré que celui du breton!

Selon L. Kergoat, «il n'y a aucune politique planifiée de développement de cet enseignement.[...] On se contente de répondre aux pressions qui peuvent se manifester localement, lorsque les parents d'élèves, par exemple, se mobilisent et tapent du poing sur la table».

[19] recruitment exam for secondary school teachers in France

LES ÉCOLES DIWAN

En avril 1977, un groupe de parents entreprenants fonde une école maternelle bretonne à Ploudalmézeau, dans le Finistère. Ainsi naît l'association **Diwan*** ('le germe'). Le mouvement fait rapidement boule de neige: après les écoles maternelles, la première école primaire ouvre ses portes en 1980, puis, en 1988, un collège d'enseignement secondaire au Relecq-Kerhuon. La création d'un lycée est prévue à Brest pour la rentrée 1994. En 1993-94, Diwan accueille 1 100 élèves: 545 en maternelle, 435 en primaire, et 115 au collège.

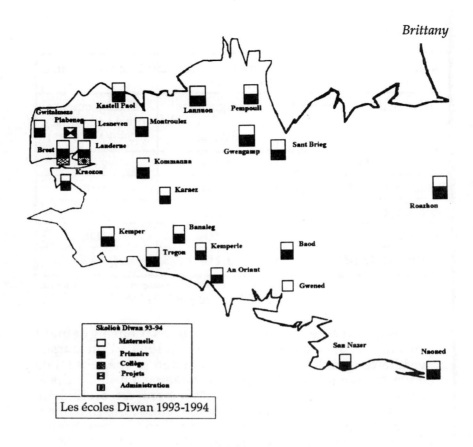

Les écoles Diwan 1993-1994

Selon la *Charte de Diwan*:

Article 1: [...] Les écoles sont gratuites et ouvertes à tous;

Article 2: Diwan existe du fait des carences[20] d'une Education Nationale ne donnant pas sa place à la langue bretonne, mais réclame la prise en charge[21] de ses écoles dans un service public d'enseignement...

20 because of the deficiencies
21 financial support

Cette demande de prise en charge n'a eu jusqu'à présent qu'un succès très partiel: 46% du budget de Diwan étaient couverts par l'Etat en 1993 (une partie des salaires des enseignants). L'Association, qui doit compter sur des subventions des collectivités territoriales[22] et les dons de particuliers, vit constamment au bord de la faillite.

22 local authorities

Le projet pédagogique de Diwan s'inspire des expériences étrangères d'enseignement bilingue (Pays basque, Canada, etc.): 'immersion' dans la langue bretonne jusqu'à l'âge de huit ans puis l'enseignement devient bilingue, les enfants devant atteindre à la fin du primaire, le même niveau en français que ceux des écoles 'françaises'.

Toute langue étudiée doit devenir dès que possible 'langue d'enseignement': ainsi, l'apprentissage intensif de l'anglais à partir de la sixième permet d'enseigner, dans cette langue, l'histoire et la géographie de la Grande-Bretagne en 4ème, les sciences naturelles en 3ème.

En Bretagne même, l'expérience Diwan se heurte à un certain nombre de réticences[23]:

23 resistance, reluctance

> «Vous allez nous en faire des poseurs de bombes ou des péquenots[24].»
> «Il n'y a de place dans la tête que pour une langue.»
> «Le breton, ça ne sert plus à rien!»
> «Nos petits-enfants ne sauront pas bien parler français!»...
> Les désapprobations sont nombreuses et les plus violentes viennent des bretonnants.
> [...] Conseillère municipale à Commana, Maryvonne Manac'h respecte la liberté du choix, mais s'interroge: «Qu'on réapprenne le breton aux enfants, pourquoi pas? Pour l'instant, je n'en vois pas l'utilité. Petite fille, on se moquait de moi quand je m'exprimais en breton. Et nos parents, ils ont eu tellement de mal à ne plus l'utiliser, c'est normal qu'ils ne veuillent plus en entendre parler.» [...]
> Anna Vari Chapalain[25] explique: «Beaucoup de gens n'étaient pas à l'aise d'avoir laissé tomber leur langue maternelle. Mes parents parlaient breton, mais ils m'ont élevée en français. A quatorze ans, je trouvais le breton *plouc*. Trois ans plus tard, le déclic[26] s'est produit et j'ai voulu apprendre. Elever mes enfants dans cette langue m'a paru logique. Mes parents ont eu peur. Et puis quand ils ont entendu leur petite-fille de trois ans parler aussi bien breton que français, c'est devenu de la fierté.»
>
> (Citations extraites d'*Ar Men*, No 32, 1991)

24 country bumpkins

25 founder member of Diwan

26 trigger

Diwan s'efforce de répondre aux inquiétudes et aux objections, en démontrant les vertus du bilinguisme précoce avec, semble-t-il, un certain succès:

Les élèves de Diwan meilleurs que les autres en... français

> [...] En septembre 1990 et en septembre 1991, les élèves entrant en classe de sixième au collège Diwan du Relecq-Kerhuon ont subi des tests d'évaluation en mathématiques et en français. Evaluations et corrections ont été assurées par des enseignants d'autres collèges brestois. Les résultats sont assez surprenants.
> En mathématiques, les enfants de Diwan obtiennent une note moyenne de 14,77 (1990) et 14,59 (1991). Dans l'Education Nationale, les tests Jospin donnent des notes assez comparables: 14,57 (1990) et 14,00 (1991).
> En français en revanche, matière supposée faible chez Diwan, les élèves surprennent. La note Diwan pour 1990 est de 12,06 contre 10,56 dans l'Education Nationale. Résultat confirmé et même accentué en 1991 avec 14,48 chez Diwan et 12,11 dans l'Education Nationale.
>
> (*Ouest-France*, 19 juin 1992)

Le millier d'élèves de Diwan ne saurait suffire à assurer la pérennité du breton. La véritable signification du phénomène dépasse cependant de beaucoup son importance numérique, comme le montre l'écho qu'il trouve dans la presse régionale et même nationale. Devenu un symbole de la lutte pour la survie de la langue, Diwan révèle également un double changement d'attitudes par rapport au passé. D'une part, la langue bretonne n'est plus honteusement subie, elle est positivement choisie, et ceux qui la choisissent pour leurs enfants – une minorité, il est vrai – sont très différents des anciens bretonnants: les parents Diwan sont souvent instruits, souvent citadins, et la moitié d'entre eux ne parlent pas eux-mêmes breton. D'autre part, ces 'nouveaux Bretons' ne se contentent plus de manifester ou de signer des pétitions; ils n'attendent plus tout de l'Etat, et savent qu'ils doivent aussi compter sur eux-mêmes.

LE BRETON DANS LA VIE PUBLIQUE

Si l'apprentissage du breton dépend en partie des Bretons eux-mêmes, son utilisation dans la vie publique dépend presque exclusivement d'un pouvoir central qui s'est toujours refusé à accorder un statut officiel aux langues minoritaires.

Les lois de décentralisation ont permis cependant aux collectivités locales d'adopter une signalétique[27] bilingue sur les routes et dans les agglomérations.

27 road signs

signalétique bilingue
Source: *Institut Culturel de Bretagne*

A la télévision, les faveurs des pouvoirs publics sont accordées au compte-gouttes[28]:

28 sparingly, in dribs and drabs

- six minutes de nouvelles par jour du lundi au samedi: émission intitulée *An Taol Lagad* (= le coup d'oeil!);
- émission dominicale de quarante minutes *Chadenn ar Vro* (= la chaîne du pays);
- Aucune chaîne privée n'émet en breton.

A la radio, le tableau semble un peu moins sombre: deux heures d'émissions par jour sur RBO (Radio France Bretagne Ouest). Cependant, comparé au Pays de Galles qui jouit d'un volume hebdomadaire d'émissions en gallois de 100 heures environ, le bilan semble bien maigre!

Dans tous les autres domaines, la situation demeure bloquée: le français est la seule langue officielle dans les administrations et services publics, les tribunaux, la vie économique et sociale (contrats de travail, etc.).

En mai 1992, il a même été jugé utile d'amender l'article 2 de la Constitution pour préciser que 'le français est la langue de la République'.

Enfin, la France est l'un des seuls pays européens à n'avoir toujours pas signé la *Charte européenne des langues régionales ou minoritaires* adoptée par le Conseil de l'Europe en juin 1992. Devant ce texte, qui vise essentiellement à développer l'usage de ces langues dans la vie publique, le Premier Ministre de l'époque, Pierre Bérégovoy, a indiqué que 'la France souhaitait se donner le temps de la réflexion avant de signer elle-même, éventuellement[29]'.

[29] possibly

Les successeurs de Monsieur Bérégovoy continuent de réfléchir...

Largement exclu de la vie publique, le breton demeure la langue des relations intimes ou amicales, comme le montre le sondage TMO Ouest (op. cit.):

«Dans ces différents endroits, vous arrive-t-il de parler breton?»	
• Jamais dans un supermarché	95.5%
• Jamais à la mairie	95.5%
• Jamais à la banque	95%
«Où parlez-vous souvent breton?»	
• En famille	37.5%
• Avec les gens de la commune	25.5%
• Pendant mes loisirs	15%
• Au travail	7%

LE BRETON, LANGUE DE CULTURE, LANGUE MODERNE

Le breton a toujours été une langue du peuple, essentiellement orale. Depuis le 19ème siècle, il est progressivement devenu une **langue de culture**: à partir de 1806, le grammairien Le Gonidec s'attache à codifier l'orthographe et la grammaire de la langue. En 1839, Hersart de la Villemarqué fait paraître en édition bilingue le *Barzaz Breiz*, recueil de chants et poésies populaires de Bretagne, qui constitue la première grande oeuvre littéraire en breton. Mais c'est surtout au 20ème siècle qu'une littérature moderne en langue bretonne s'est développée (poésie, théâtre, nouvelles et romans). Cette littérature souffre bien sûr du nombre réduit de ses lecteurs, et ne peut survivre sans subventions. Du moins la langue bretonne a-t-elle acquis ses lettres de noblesse.

Privé de statut officiel, le breton n'a pas toujours pu évoluer avec son temps. Il est d'une extraordinaire richesse lorsqu'il s'agit d'exprimer les réalités du monde rural d'autrefois: Yves de Saint Agnès note qu'on dispose de 'vingt-sept mots différents pour désigner le bruit d'une charrette dans un chemin creux, selon la hauteur et l'intensité du son' (*Partance* no 4, juin 1991). Pour survivre, le breton doit devenir une **langue moderne** adaptée à l'environnement technique et scientifique contemporain. Des progrès sont en cours, et des groupes d'experts et de linguistes travaillent à créer les vingt mille mots nouveaux dont les écoles bilingues ont besoin pour enseigner les sciences en breton.

Aux yeux des bretonnants de naissance, de moins en moins nombreux, le breton moderne, standardisé, a perdu la saveur et l'authenticité qui en faisait un produit du terroir; il est devenu artificiel, un **'breton chimique'**. Pour sa part, Charles Le Gall[30], ancien animateur de l'émission radiophonique en breton, qui est lui-même totalement bilingue et 'biculturel', perçoit dans nombre de textes contemporains rédigés en breton la marque d'une pensée qui n'est plus bretonne, mais française:

30 in an interview, 19.11.93

> Nous autres bretonnants avons une façon de construire la phrase qui nous est propre, et cela correspond à une forme de pensée et de sensibilité qui n'est pas celle du français. Dans les écrits de jeunes auteurs néo-bretonnants[31], on retrouve une phrase et un mode de pensée qui sont calqués[32] sur le français.

31 who have been taught Breton at school

32 modelled on

Quoi qu'il arrive, la langue bretonne ne sera plus ce qu'elle était!

LES BRETONS ET LEUR LANGUE

La langue bretonne, menacée d'extinction, sera-t-elle défendue par les Bretons eux-mêmes? Le sondage TMO Ouest pourrait, à première vue, inviter à un certain optimisme:

«Pensez-vous qu'il faut conserver le breton?»	
Oui	76%
Non	11%
Ne se prononcent pas	13%

Mais seule une minorité (42.5%) de ceux qui veulent préserver la langue pense que celle-ci se conservera effectivement.

«Etes-vous pour l'enseignement du breton?»	
Oui	77.5%
Non	10.5%
Ne se prononcent pas	12%

Cependant, selon ceux qui sont favorables à l'enseignement du breton, cet enseignement devrait être:

• obligatoire dans toutes les écoles	2.5%
• facultatif dans toutes les écoles	88.5%
• seulement dans les écoles spécialisées	8.5%

Rien ne permet de dire que les Bretons attachés à leur langue la feraient apprendre à leurs enfants!

Une analyse de l'INSEE (citée par F. Favereau, op. cit.) souligne cette ambiguïté des Bretons dans leurs attitudes et leurs comportements:

Quel devenir pour le breton?

Deux approches génèrent des attitudes hétérogènes[33]:
- le courant économique prône[34] le recours à une langue unique pour faciliter les échanges internationaux.
- le courant culturel défend les minorités, facteur d'identification face à l'uniformisation d'une culture internationale.

Quelques personnes adoptent des positions tranchées[35]:
- abandon d'une langue marginale
- apprentissage de la langue bretonne par immersion dans un environnement bretonnant.

Entre ces deux attitudes opposées, la plupart des enquêtés émettent des avis nuancés, voire contradictoires.

Ils souhaitent le maintien du breton, partie intégrante du patrimoine culturel, mais leur comportement contribue consciemment ou inconsciemment à sa disparition. Ils n'essaient pas de l'apprendre ou le transmettre dans leur entourage. Les parents encouragent leurs enfants à étudier prioritairement le français et les langues internationales, économiquement utiles.

La question du breton demeure bien d'actualité. Au-delà du déclin d'une langue locale, elle pose le problème de l'authenticité humaine face à un modèle où l'économie prime.

('Propos sur la langue bretonne', *Octant*, 1990).

33 **produce different attitudes**
34 **advocates**
35 **clear cut**

Si le 'courant économique' l'emporte, c'est le français qui sera, un jour, menacé d'extinction! J.Y. Cozan (entretien cité), ardent défenseur de la langue bretonne, conclut avec malice:

«Dans un siècle, nous autres, Bretons, serons peut-être les derniers à défendre la langue française!»

ACTIVITÉS

1. Traduisez en anglais l'extrait de P.J. Hélias, *Le Mur* (Il n'a pas eu l'occasion ... derrière mon mur), p. 42.

2. Faites un résumé de la situation de la langue bretonne aujourd'hui à l'aide des tableaux, pp. 41-2.

3. Lisez attentivement l'extrait du débat à l'Assemblée Nationale sur les langues minoritaires (pp. 43-4). Faites une liste des arguments avancés par M. Pandraud contre les langues minoritaires. Etes-vous d'accord avec ses arguments?

4. Un ami breton a décidé que sa fille de six ans irait à l'école Diwan. Vous lui posez une série de questions sur:

- le problème éventuel quant à l'apprentissage du français
- l'utilité du breton pour une carrière future

Votre ami est tout à fait convaincu qu'il a fait le bon choix. Imaginez les réponses qu'il donnerait à vos questions.

5. Selon vous, quels sont les avantages et les désavantages de parler ou d'apprendre à parler une langue comme le breton de nos jours? Si vous habitiez en Basse-Bretagne, est-ce que vous voudriez que vos enfants apprennent le breton?

5 ETRE BRETON AUJOURD'HUI

Il est plus facile d'être de son temps que d'être de quelque part.
P.J. Hélias, *Le cheval d'orgueil.*

La Bretagne a longtemps vécu relativement isolée du reste de la France. Cet isolement lui a permis de préserver, plus longtemps qu'ailleurs, une culture originale, culture à la fois populaire et celtique, paysanne et maritime. Les voyageurs du passé s'étonnaient de cette différence des Bretons, tel l'agronome anglais, Arthur Young, qui notait, à la fin du 18ème siècle:

> Entré en Basse-Bretagne, on reconnaît à l'instant un autre peuple [...]. Il est étonnant qu'on les trouve ainsi, avec un langage, des coutumes, des vêtements distincts, après un séjour de treize siècles dans ce pays.
> (*Voyages en France 1787-1788 et 1789*, Armand Colin, 1931)

Plus tard, des peintres, tel Gauguin[1], et des écrivains, tel Flaubert[2], venaient y chercher l'exotisme et le dépaysement. Cependant, loin d'admirer la richesse, pourtant bien réelle, de cette culture, les écrivains remarquaient surtout l'aspect sauvage et primitif de la Bretagne et des Bretons, leur pauvreté, leur arriération, et les conditions sanitaires déplorables dans lesquelles ils vivaient. Ainsi Alphonse Daudet[3], visitant l'île d'Houat en 1876:

> ...ce pauvre village morbihannais vous fait penser à quelque douar[4] africain; c'est le même air étouffé, vicié par le fumier qu'on entasse sur les seuils, la même familiarité entre bêtes et gens.
> (*Journal Officiel*, 14.8.1876, cité par F. Elegoët, 'L'identité bretonne: note sur la production de l'identité négative', *Pluriel* No 24, 1980)

Isolement, sous-développement et **culture bretonne** semblaient aller de pair.
La promiscuité entre les humains et leur bétail a cependant vécu! Timidement, d'abord, entre les deux guerres, puis brutalement, à partir des années 50, la Bretagne s'est ouverte sur l'extérieur et a entrepris de combler son retard dans tous les domaines. Développement, progrès et modernisation sont devenus les mots d'ordre[5] de l'époque. La Bretagne d'aujourd'hui semble à des siècles de celle de 1950. Les liens communautaires, caractéristiques de l'ancienne société rurale, se sont relâchés:

1 French painter who lived for a time in Pont-Aven
2 French novelist who described his journey through Brittany in *Par les champs et par les grèves*
3 French novelist most famous for his tales of Provençale life
4 North African tent dwelling

5 **watchwords**

> Le monde breton traditionnel est pulvérisé: un géant a donné un coup de botte dans la fourmilière. Les fourmis s'activent toujours,[...] mais le réseau familier est détruit.
> (Fanch Morvannou, *Le breton, la jeunesse d'une vieille langue*, Presses Populaires de Bretagne, 1988).

Le Breton lui-même tend à perdre sa 'bretonnité', et risque de devenir, selon l'expression de J.Y. Cozan, un «Français moyen de nulle part»[6].

Ouverture, développement et **standardisation culturelle** semblent aujourd'hui aller de pair. Peut-on à la fois être moderne et demeurer breton?

6 In *La Bretagne au temps des Ducs*, Abbaye de Daoulas, 1991

DES FRANÇAIS COMME LES AUTRES?

La Bretagne s'aligne sur la France. Les écarts qui révélaient un retard ou un particularisme breton se sont réduits dans tous les domaines: économie, niveaux et modes de vie, éducation, comportements religieux et politiques, etc.

• *Emploi, niveau de vie et consommation*

Les changements économiques, traités dans d'autres chapitres, ne seront pas évoqués ici. Il suffit de noter d'abord l'évolution spectaculaire de la structure de la population active:

Structure comparée de la population active de la Bretagne et de la France (en %)						
	1954			1990		
Secteur	Bretagne	France	Ecart	Bretagne	France	Ecart
Primaire	48	26.5	+21.5	12	6	+6
Secondaire	26	35.5	-9.5	26	30	-4
Tertiaire	26	38	-12	61	64	-3

Source: INSEE, Recensements

7 lagging behind

Il faut souligner ensuite l'élévation relative du niveau de vie: longtemps à la traîne[7], la Bretagne figure maintenant au 14ème rang des 22 régions françaises pour le revenu moyen par foyer.

Si leurs revenus demeurent un peu inférieurs à la moyenne nationale, les Bretons sont devenus très semblables aux Français dans leurs habitudes de consommation. Dans son étude sociologique d'un village du Finistère effectuée au début des années 60, intitulée *La métamorphose de Plodémet* (Fayard, 1965), Edgar Morin[8] mettait déjà l'accent sur cette nouvelle attitude qu'il appelait le 'consommationnisme'. Aujourd'hui, la Bretagne est en effet suréquipée en grandes surfaces (161 m^2/1000 habitants) par rapport à la France (110 m^2). E. Morin

8 sociologist and intellectual

soulignait surtout la 'révolution domestique' qui s'opérait sous ses yeux. Dans aucun autre domaine le contraste entre l'ancien et le nouveau n'est aussi frappant que dans celui du logement: d'un côté le vieux *penn-ti*, l'ancienne maison paysanne, réduite à une ou deux pièces, dépourvue de confort domestique et achetée pour une bouchée de pain par les amateurs de résidences secondaires, français ou étrangers; de l'autre, la maison bretonne moderne, de loin majoritaire, confortable et bien équipée.

maison bretonne moderne avec son toit d'ardoises et ses blocs de granit

Investissant dans le bien-être de sa vie privée, et consommant des produits de plus en plus standardisés, le Breton devient de plus en plus un Français, voire un Européen 'standard'.

• *Mobilité et ouverture*

Les Bretons habitent de plus en plus dans les agglomérations urbaines, et l'urbanisation est un facteur important d'ouverture sur l'extérieur et d'uniformisation des comportements.

Taux d'urbanisation		
	1946	1990
Bretagne	29%	57%
France	53%	74%

d'après G. Minois, op. cit.

Le village lui-même tend à devenir une banlieue plus ou moins lointaine de la ville, où l'on se rend pour son travail.

9 mixing

G. Minois met aussi l'accent sur le 'brassage[9] croissant de la population':

> Si le nombre de véritables étrangers reste très faible, aux alentours de 1% de la population dans la région Bretagne [...], la proportion d'habitants originaires d'autres régions ne cesse d'augmenter. Le recensement de 1990 montre qu'en moyenne 30% des résidents en Bretagne à cette date habitaient ailleurs au recensement précédent, celui de 1982. Certes, beaucoup venaient d'un autre département breton, mais cette mobilité est d'autant plus frappante qu'elle concerne même les bourgs ruraux de la Bretagne 'profonde'; dans le Finistère, 202 des 1 003 habitants de Brasparts sont des nouveaux venus [...]; dans le Morbihan, 44 sur 126 à Tréhorenteuc. En ville, les chiffres sont impressionnants: 69 698 sur les 197 497 Rennais...

On peut citer de multiples facteurs d'ouverture sur l'extérieur et de mobilité croissante qui tendent à effacer les particularités bretonnes et à aligner la Bretagne sur la France:

- amélioration des **transports**, avec en particulier la généralisation de l'automobile.
- essor du **tourisme**: les Bretons, qui accueillent beaucoup de touristes, s'adonnent eux-mêmes au tourisme.
- pénétration de la **télévision** (en 1962, 5.7% seulement des ménages avaient la télévision).
- développement de l'**éducation**: l'école a joué, et joue toujours un rôle essentiel dans l'intégration culturelle des Bretons au reste de la France.

Loin derrière les autres régions il y a un siècle, la Bretagne se retrouve aujourd'hui en tête des régions françaises pour la durée de la scolarisation...

De plus en plus d'élèves poursuivent leurs études. Grande championne, la Bretagne: 87.3% des jeunes de 18 ans sont toujours à l'école. C'est presque dix points de mieux que la moyenne nationale.

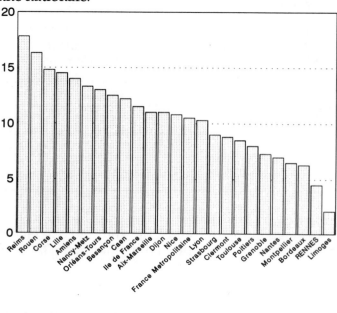

Pourcentage de sorties du système scolaire sans qualification.
Source: *Repères pour la Bretagne*, Cahiers du SGAR, 1993

Etre breton aujourd'hui

... et pour les performances scolaires:

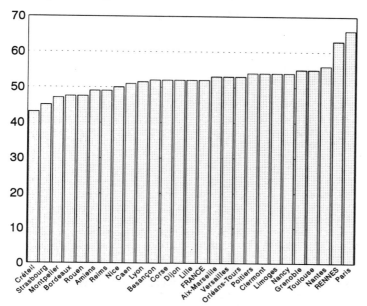

Pourcentage d'une génération obtenant le baccalauréat.
Source: *Ouest-France*, 23.7.93

Selon Jean-Yves Cozan, «pour survivre ici, il faut se battre et réussir mieux que les autres!»

• *L'alignement politique*

Déclin d'une civilisation agraire et des pratiques religieuses, urbanisation et standardisation des modes de vie: ces transformations ont contribué à atténuer les différences entre Bretons et Français en matière de comportements politiques. Autrefois bastion de la droite, la Bretagne, considérée globalement, ne vote pas plus à droite ou à gauche de nos jours que le reste de la France. Le tableau suivant fait nettement ressortir cette évolution:

Le comportement politique de la Bretagne et de la France						
	1958		1978		1988	
	Gauche	Droite	Gauche	Droite	Gauche	Droite
BRETAGNE	26.5	73.4	45.3	54.7	49.8	50.2
FRANCE	45.2	54.2	52.2	47.4	49.6	50.3

Source: M. Nicolas & J. Pihan, *Les Bretons et la politique*, Presses Universitaires de Rennes 2, 1988.

Au terme de leur analyse de l'alignement politique de la Bretagne, M. Nicolas et J. Pihan concluent:

> Peut-être faut-il y voir, deux siècles après la Révolution Française, la phase finale d'une assimilation dans l'ensemble hexagonal. On peut s'en réjouir ou le regretter. On ne peut manquer, en tout cas, de méditer cette formule de La Motte-Houdard: «l'ennui naquit un jour de l'uniformité».

• Que reste-t-il des Bretons?

Georges Minois est sans illusion à ce sujet:

Qu'est-ce qu'un Breton à la fin du 20ème siècle? Bien malin qui pourrait répondre à cette question[10]. Sur les 3 800 000 personnes qui vivent actuellement en Bretagne, un quart ont des parents non bretons ou sont eux-mêmes nés hors de Bretagne.[...]

En 1990, la revue *Armor Magazine* a élu 'Breton de l'année' Kofi Yamgnane, Noir d'origine togolaise, qui, remarqué par un missionnaire breton, a fait ses études à Brest et à Nancy, a enseigné les sciences à Brest, Quimper et Chateaulin, avant d'être élu maire de Saint-Coulitz, dans le Finistère, en 1989.

'Breton d'après la marée noire'[11], comme il le dit lui-même avec humour, il est depuis 1991[12] secrétaire d'Etat chargé des Affaires sociales et de l'Intégration. Bel exemple du renouvellement actuel de la population 'bretonne', qui montre en cette circonstance la voie de l'ouverture, puisque Kofi Yamgnane est également premier maire noir de l'histoire de France. De quoi faire se retourner dans leur tombe les négriers[13] nantais du 18ème siècle. Les Celtes ne sont plus ce qu'ils étaient, au grand dam[14] du dernier carré[15] des défenseurs de l'autonomie d'un peuple breton pur sang.

L'habitant de la Bretagne, formé au même moule que le Français moyen est devenu un Français moyen, vivant dans le même cadre urbain, utilisant les mêmes appareils nippo-américains, consommant les mêmes informations. Le jeune d'une ZUP[16] de Brest est mentalement plus proche de celui d'une ZUP parisienne que des jeunes de la campagne d'il y a seulement trente ans.[...] Nous allons vers une époque où les 'Bretons' seront les personnes qui, pour une certaine durée de leur vie, résident dans 'l'espace Bretagne' ou 'espace BZH'[17]. La même chose pour les Auvergnats, les Corses ou les Basques. Qu'elle plaise ou qu'elle révolte, nous ne pouvons rien contre cette évolution. Mais après tout, la terre qu'on appelle bretonne a existé bien avant les Bretons; pourquoi ne pourrait-elle pas exister après les Bretons?

(G. Minois, op. cit.)

10 whoever could answer this question would be supremely clever
11 after 'black tide' of oil, i.e. after the *Amoco Cadiz* disaster in 1978
12 until 1993
13 slave traders
14 to the great displeasure of
15 the last handful
16 *Zone à Urbaniser en Priorité*; tower block urban development
17 abbreviation of *Breizh* (Brittany)

UN RENOUVEAU DE LA CULTURE BRETONNE

• Mort de la Bretagne d'antan[18]

Les Bretons sont entrés avec enthousiasme dans la modernité depuis quelques décennies. La culture bretonne traditionnelle s'est effondrée.

Ses traditions, ses rites sociaux, sa convivialité et cet art de vivre ensemble que P.J. Hélias a contés avec talent et humour dans ses oeuvres, ont disparu. Il en fut ainsi pour le magnifique costume breton, riche de la diversité de ses coiffes[19], de ses dentelles et de ses broderies, et qui révélait à lui seul l'identité géographique, sociale, matrimoniale et parfois même politique du porteur du costume. Le costume a peu à peu cessé d'être porté dans l'entre-deux-guerres. Seules quelques Bretonnes de l'ancienne génération, souvent bigoudènes, demeurent fidèles à la 'guise'[20] de leur 'pays', et refusent de 'se déguiser'.

18 yesteryear
19 head-dresses
20 traditional costume

• Un nouveau dynamisme culturel

Et pourtant, c'est au moment même où la Bretagne semblait tourner le dos à son passé qu'on a assisté à un renouveau de la culture bretonne, notamment à partir des années 70. Les 'nouveaux' Bretons ne rejettent pas le passé de leur pays; ils rompent cependant avec la résignation économique et culturelle de leurs aînés, leur complexe d'infériorité, leur bretonnité honteuse d'elle-même. Ils font le pari que la Bretagne peut épouser son temps et garder son identité, qu'on peut allier tradition et modernité.

Il suffit d'entrer dans une librairie bretonne ou de consulter un journal régional pour se rendre compte de la vitalité de la culture bretonne. Jamais l'édition bretonne, tant en français qu'en breton, n'a été aussi abondante: poésie, théâtre, nouvelles, contes et légendes, livres d'histoire, revues culturelles, etc.

Il faut y ajouter les expositions, musées, concerts de musiciens et de chanteurs bretons, spectacles, fêtes folkloriques, activités des multiples associations visant à promouvoir la culture et la langue bretonne. C'est ce dynamisme qu'exprime J.Y. Cozan avec une certaine fierté:

> Pour exister en Bretagne, on est obligé d'être un peu plus dynamique et remuant que les autres. Les autres régions de France sont fades[21], les gens ne bougent pas. Ici ça bouge! Tous les préfets qui sont nommés ici reconnaissent qu'il y a du tonus[22]!

21 insipid, colourless

22 dynamism

• La culture bretonne: un pâle reflet du passé?

Certains estiment que cette culture bretonne n'est que la contemplation ou la célébration d'un passé mort, un objet de musée ou de spectacle. Selon G. Minois (op. cit.):

> ...cette identité culturelle repose entièrement sur le passé, sur un passé tellement révolu qu'on en est réduit à le recréer, par toutes sortes d'animations.[...] Une identité culturelle qui se contente de cultiver son passé, au risque de le folkloriser, ce qui est de plus en plus le cas, est stérile et dangereuse. Elle nourrit un nationalisme d'autant plus agressif qu'il est sans force réelle.

De son côté, l'écrivain Xavier Grall, dans *Le cheval couché* (Hachette, 1977), est écoeuré[23] par le défilé des *Fêtes de Cornouaille* de Quimper:

23 sickened, disgusted

> ... voici que commence le défilé.
> Et nous ramons en pleine sottise. Groupes et bagadou[24] processionnent! Ah! les belles 'coèffes', les beaux costumes! Les vieux clans, ils sont tous là dans leurs dentelles singulières, leurs velours singuliers, les pays et les cantons. Les villes et les hameaux.
> Un peuple, *ya*[25] ! Mais lequel? Je vais vous le dire, le peuple des morts.[...] Un musée ambulant.

24 *bagad*, plural *bagadou*: traditional Breton musicians

25 'Yes' in Breton

Mieux vaut peut-être ce 'musée ambulant' qu'un simple musée, ou pas de musée du tout! La culture bretonne peut donner lieu à de féroces polémiques!

• *Culte et connaissance du passé*

Contrairement à ce qu'affirme G. Minois, il est permis de penser que seuls la nostalgie et le culte du passé sont 'stériles et dangereux'. Les Bretons ont trop voulu quitter ce passé pour vouloir y retourner. Beaucoup estiment cependant qu'on peut, et qu'on doit même s'attacher à le connaître. Les années 80 et 90 sont marquées par de multiples initiatives visant à sauvegarder le **patrimoine culturel** de la Bretagne.

L'une ce ces initiatives a été la création, en 1982, de l'Institut Culturel de Bretagne, *Skol-Uhel ar Vro*, situé à Rennes: cette institution, unique en son genre en France, a pour vocation de préserver ce patrimoine et de promouvoir la culture et la connaissance de la Bretagne.

La culture bretonne, autrefois considérée comme une culture de 'paysan', intéresse maintenant les intellectuels et les artistes. Les historiens étudient l'histoire de la Bretagne. Les Bretons, longtemps privés de leur histoire dans les livres scolaires, ont maintenant un passé.

• *Une culture ouverte*

Une culture qui se bat pour exister court le risque d'être introvertie. De gros efforts ont été faits pour s'ouvrir aux autres cultures: parmi les exemples d'une telle ouverture, on peut citer celui de l'Abbaye de Daoulas, où les expositions sur la Bretagne (*La Bretagne au temps des Ducs*, 1991) alternent avec celles portant sur d'autres civilisations (Colombie, Chine, etc.), qui attirent un public très divers et cosmopolite. Inversement une exposition sur la Bretagne a eu lieu à Pékin en 1994.

De même modernité, ouverture et tradition sont réunies chez un bon nombre d'artistes et créateurs bretons, tel le musicien Alan Stivell qui allie la harpe celtique, le rock et autres musiques:

26 Celtic symbol with three branches, sea, fire and earth	Tout de noir vêtu, un triskell[26] autour du cou, Stivell a électrisé son public - de plus en plus jeune - dès les premières notes sorties de sa harpe. Les bras des spectateurs ondulaient au-dessus de leurs têtes, les briquets s'allumaient, les drapeaux blanc et noir frappés d'une hermine se balançaient dans les airs, les applaudissements crépitaient[27] au
27 **applause broke out**	rythme des mélopées de ce chanteur inclassable [...], meilleur ambassadeur de la musique bretonne dans le monde.[...] Il a enchaîné
28 **hits**	pendant près de deux heures ses anciens tubes[28] [...], et les nouvelles créations de son CD, baptisé *Again*.
29 traditional dance	Des spectateurs se laissaient entraîner par sa magnifique musique celte, puisant ses racines au fin fond du massif armoricain et de l'Irlande, et esquissaient quelques gavottes[29] dans les rares espaces dégagés du Bercy[30] brestois.
30 big concert hall in Paris	Bref cette grand-messe tant attendue a tenu ses promesses. Tous les
31 lit. 'the label of a couturier'	ingrédients étaient réunis: la griffe[31] du grand musicien qu'est Stivell,

Etre breton aujourd'hui

capable d'associer avec bonheur des instruments tels que la harpe, le biniou, le tam-tam africain et la flûte, le talent indiscutable de ses musiciens, la pléiade[32] de lasers et de projecteurs baignant la scène dans un arc-en-ciel de couleurs, mais aussi et surtout un public en or massif[33], avalant goulûment les paroles de ses chansons et faisant une provision de décibels pour l'hiver.

(*Le Télégramme de Brest*, 31 janvier 1994)

32 a host of

33 solid gold; here, a marvellous audience

- *Une culture vivante*

La culture bretonne ne constitue qu'une partie de la culture des Bretons, qui est aussi française, européenne, voire mondiale. On a vu qu'elle vit cependant et on la retrouve parfois dans les lieux les plus inattendus: ainsi Denez Prigent donnant un concert de chant breton de la plus pure tradition aux *Transmusicales de Rennes*, festival de rock de réputation internationale.

Certaines traditions disparaissent, d'autres prospèrent, comme celle des crêperies et du commerce des crêpes; d'autres encore renaissent, tel le convivial *fest-noz*, sorte de bal breton où jeunes et vieux pratiquent les danses du pays, ou encore la lutte bretonne, le *gouren*, qui attire un nombre croissant de jeunes. Des signes nouveaux d'identité sont apparus au cours des dernières décennies: drapeau *gwenn ha du*, autrefois interdit, flottant sur les bâtiments publics; adoption de la signalétique bilingue, approuvée à une forte majorité, surtout parmi les jeunes; mode des prénoms bretons:

- Pour les garçons:
  Perig (=petit Pierre), Stefan, Paol, Glen, Alan, Loic, Yann, Goulven, Tangi, Hervé, Fanch, Erwan, Jakez, Morvan...

- Pour les filles:
  Mariig (=petite Marie), Marivon, Soazig, Solen, Gael, Gwennael, Anna, Annig, Elen, Armel, Rozenn, Kristell, Katell, Morgan, Nolwenn...

Les anciens Bretons ne choisissaient pas leur culture; on peut même dire qu'ils la subissaient. La bretonnité aujourd'hui est un menu à la carte: c'est un avantage, et on n'est pas obligé d'aimer le biniou, ni même de parler la langue pour être breton. C'est aussi une fragilité, car cette culture dépend de la volonté collective et individuelle des Bretons:

> La Bretagne n'a pas de papiers. Elle n'existe que dans la mesure où, à chaque génération, des hommes se reconnaissent bretons. A cette heure, des enfants naissent en Bretagne. Seront-ils bretons? Nul ne le sait. A chacun, l'âge venu, la découverte ou l'ignorance.
> (Morvan Lebesque, *Comment peut-on être breton?* Seuil, 1970)

- *Culture et économie*

La mondialisation de l'économie conduit à la mondialisation de la culture et tend à effacer les identités régionales, et même nationales. Les Bretons d'aujourd'hui sont-ils les derniers d'une espèce en voie de disparition? Le combat pour le maintien d'une identité culturelle n'est-il pas voué à l'échec?

Rien n'est moins sûr. C'est dans la volonté de vivre et de travailler 'au pays', c'est-à-dire dans leur attachement à leur pays, que les Bretons d'après-guerre ont trouvé la volonté de développer l'économie bretonne. De cette expérience du passé, J.Y. Cozan (entretien cité) tire la leçon pour l'avenir:

> Sur un plan économique, cette région ne vivra que si elle le veut, et sa seule raison d'avoir envie de vivre est qu'elle sache qui elle est. Alors elle aura envie de se développer. Le ressort du développement économique, c'est la fierté d'être ici et pas ailleurs, et donc d'être breton.

En fin de compte, pour être de son temps, peut-être vaut-il mieux être de quelque part!

ACTIVITÉS

1. Traduisez en anglais l'extrait de G. Minois (Qu'est-ce qu'un Breton... exister après les Bretons), p. 58.

2. En vous aidant de la section *Des Français comme les autres?*, faites un résumé d'une centaine de mots sur l'alignement, en cette fin de siècle, de la Bretagne sur le reste de la France.

3. Lisez attentivement les opinions de G. Minois et de Xavier Grall sur la culture bretonne (p. 61). Quel reproche principal font-ils à cette culture? Ce reproche est-il justifié?

4. Vous avez assisté à un concert d'Alan Stivell avec un groupe de jeunes Bretons. Vous aimeriez en savoir davantage sur ce que représente pour eux la musique d'Alan Stivell. En vous aidant de la section *Une culture ouverte*, préparez une série de questions sur les raisons de leur enthousiasme:

- musique moderne ou ancienne
- destinée aux jeunes ou à leurs parents
- appréciée uniquement par les Bretons et par les Celtes
- originalité de la musique, des instruments

Imaginez ce que vous répondront ces fans de la musique d'Alan Stivell.

5. Selon vous, est-il important pour une région d'avoir une identité forte dans le monde d'aujourd'hui? Est-ce qu'il est important de préserver ce qu'il reste de la culture bretonne?

DEUXIÈME PARTIE

L'économie bretonne

6 LA RÉVOLUTION AGRICOLE

En chaque Français sommeille un paysan. A fortiori en chaque Breton.[1]

Breizh e Pariz, le journal des Bretons, décembre 1992.

[1] 'Every Frenchman is a farmer at heart. Every Breton even more so.'

La Bretagne est aujourd'hui la première région agricole française. Avec seulement 6% de la surface agricole, elle produit près de 12% de la valeur des produits agricoles français. Au niveau européen, elle se trouve au deuxième rang derrière la Hollande.

L'agriculture emploie directement 12% de la population active bretonne alors que la moyenne française est de 6%. De plus, elle sert de base aux industries agro-alimentaires[2] ainsi qu'au secteur tertiaire (commerce, transports, crédit bancaire, etc.).

[2] food processing industries

A la différence de nombreuses régions agricoles françaises, la Bretagne n'est ni une région viticole ni une région fruitière, si l'on excepte les pommes qui traditionnellement étaient utilisées pour fabriquer la boisson régionale, le cidre. Le climat océanique breton, semblable à celui du sud de l'Angleterre, caractérisé par une douceur humide, a favorisé le développement d'une agriculture forte et variée, reposant principalement sur les légumes, le lait, la viande et les volailles.

La Bretagne occupe ainsi aujourd'hui une place prépondérante dans de nombreux secteurs agricoles français:

Part de la Bretagne dans la production française	
Produits laitiers	21%
Veaux	25%
Volailles (poulets, dindes...)	40%
Oeufs	45%
Légumes frais	20%
Porcs	50%

Source: INSEE, *Tableaux de l'économie bretonne*, 1993

Quand on pense à l'agriculture bretonne aujourd'hui, la première image qui vient à l'esprit est souvent celle d'un chou-fleur ou d'un artichaut. La marque collective des producteurs de légumes *Prince de Bretagne* contribue à créer cette image. En effet, la Bretagne, première région légumière de France, produit 70% des choux-fleurs et artichauts français.

Pourtant, c'est surtout dans la production animale que la Bretagne s'est spécialisée: vaches laitières, porcs, volailles. Le sol est utilisé pour l'alimentation des animaux (herbe, maïs, orge[3] et fourrages[4] divers).

Comparée à une moyenne nationale de 30 ha[5], la dimension des exploitations[6] reste petite (22.5 ha), ce qui prouve le caractère très **intensif**[7] de l'agriculture bretonne. Cela n'empêche pas l'agriculture bretonne d'être aujourd'hui tournée vers le monde extérieur, ayant abandonné l'économie de subsistance qui la caractérisait avant 1945. Ainsi, dans le secteur laitier, les agriculteurs ne transforment plus le lait en beurre à la ferme comme autrefois; ils vendent aujourd'hui toute leur production à une laiterie qui le transforme; ils achètent ensuite de la poudre de lait à la laiterie pour nourrir leur bétail. En se spécialisant et en s'ouvrant sur l'extérieur, l'agriculture bretonne a donc favorisé l'essor des **industries agro-alimentaires**.

Dans les années 90, l'agriculture bretonne conserve son dynamisme grâce à un monde agricole bien organisé. Toutefois, son succès demeure fragile. Une double menace pèse sur son avenir:

- *facteurs externes:*
    - les conséquences des négociations du GATT*
    - la politique agricole suivie par l'Union européenne
- *facteurs internes:*
    - le dépeuplement des campagnes
    - la dégradation de l'environnement

3 barley
4 fodder
5 approx. 2 1/2 acres
6 farming holdings
7 labour intensive small farming

L'AGRICULTURE BRETONNE AU 19e SIÈCLE

D'où vient le dynamisme agricole actuel de la Bretagne? Ce n'est certainement pas un héritage du passé.

Au 19ème et pendant la première moitié du 20ème siècle, l'agriculture bretonne, comparée à celle d'autres régions agricoles françaises, présentait des signes de retard importants. Des paysans nombreux, utilisant des techniques archaïques et pratiquant l'auto-consommation, se laissaient dominer, économiquement et socialement, par une aristocratie opposée à l'évolution du monde moderne. Les descriptions de la campagne bretonne de l'époque donnent toutes la même image d'une région pauvre et inculte[8].

En 1840, l'Académie des sciences morales et politiques donna pour mission à deux de ses membres de faire une enquête sur 'l'état physique et moral des classes ouvrières'. La situation de l'agriculture et des agriculteurs bretons qu'ils décrivent est pitoyable:

8 uncultivated

> Que de malheureux, en Bretagne, en sont réduits là! Il faut l'avoir vu pour se faire une idée de leur dénuement[9]; il faut avoir pénétré dans la

9 deprivation

La révolution agricole

demeure d'un pauvre paysan breton, dans sa chaumière délabrée[10] dont le toit s'abaisse jusqu'à terre, dont l'intérieur est noirci par la fumée continuelle des bruyères[11] et des ajoncs[12] desséchés, seul aliment de son foyer[13]. C'est dans cette misérable hutte où le jour ne pénètre que par la porte et s'éteint dès qu'elle est fermée, qu'il habite lui et sa famille demi-nue, n'ayant pour tout meuble qu'une mauvaise table, un banc, un chaudron et quelques ustensiles de ménage en bois ou en terre; pour lit, qu'une espèce de boîte [...] tandis qu'à l'autre coin de ce triste réduit[14], rumine sur un peu de fumier la vache maigre et chétive (heureux encore s'il en a une) qui nourrit de son lait ses enfants et lui-même.

(*Voyages en Bretagne en 1840 et 1841*, Villermé et Benoiston de Chateauneuf, Tud Ar Bro, 1982)

10 dilapidated
11 heather
12 gorse
13 hearth
14 poky little hole

Dans cette même enquête, on apprend que 44% de la surface agricole bretonne à cette époque est occupée par des landes[15] et des jachères[16]. Pourtant, on commence à voir les premiers signes d'un système plus productif, grâce en particulier à l'amélioration des techniques agricoles.

15 moors
16 fallow land

C'est l'époque de la révolution industrielle. Dans certaines régions françaises, elle entraîne un exode vers les villes et un manque de main d'oeuvre agricole, ce qui force l'agriculture de ces régions à **s'extensifier**[17]. La Bretagne au contraire résiste à cette tendance. Elle reste à l'écart des mutations causées par la révolution industrielle, tout en essayant petit à petit d'améliorer la productivité agricole: l'agriculture bretonne s'intensifie.

17 highly mechanised large-scale farming

LA PRISE DE CONSCIENCE DU RETARD AGRICOLE

Au lendemain de la Seconde Guerre mondiale, l'agriculture bretonne est peu ouverte aux échanges et sous-équipée. Le revenu agricole n'est pas suffisant pour faire vivre de manière décente les paysans et leurs familles. Les conditions de vie sont difficiles et les maisons sont dépourvues d'un minimum de confort: un grand nombre de fermes ne possède ni l'eau courante ni l'électricité.

C'est à partir de 1950 que certains changements commencent à se manifester:

• la reconstruction de l'après-guerre crée dans la France toute entière un **climat d'optimisme économique** propice au développement.

• les **mentalités** sont en train de changer, grâce en particulier au travail de la JAC* qui encourage les jeunes paysans à refuser la résignation de leurs parents et à accepter le développement de nouvelles techniques agricoles. Pour la JAC, c'est le devoir du paysan chrétien de produire le plus possible afin d'améliorer la nourriture de tous. Pour faire passer son message, elle organise à l'intention des jeunes paysans, réunions, divertissements, cours par correspondance...

• les responsables politiques prennent conscience de l'existence d'un **problème breton** dont les principales caractéristiques sont l'exode rural massif des jeunes et le sous-développement économique.

La prise de conscience politique se reflète dans le programme régional de développement du CELIB* où l'agriculture occupe une place prépondérante. Dans le *projet de loi-programme pour la Bretagne de 1962*, le CELIB propose des solutions pour remédier aux problèmes de l'agriculture bretonne:

> Pour assurer un revenu décent aux agriculteurs, il est nécessaire de:
> - réduire le nombre d'agriculteurs
> - accroître la productivité
> - garantir des débouchés stables pour cette production accrue
> - former les agriculteurs de l'an 2000

On voit dans ce projet les grandes lignes de la politique agricole qui sera suivie jusqu'à nos jours.

LA RÉVOLUTION DES ANNÉES SOIXANTE

18 economic situation

19 guaranteed prices

Dans les années soixante, la conjoncture économique[18] est particulièrement favorable, car la France connaît une phase de croissance économique élevée. De plus, en 1957, le Traité de Rome, texte fondateur de la Communauté Economique Européenne, met l'accent sur la nécessité d'aider les agriculteurs à produire davantage par l'intermédiaire d'une politique de **soutien des prix**[19]. Les grandes lignes de la **PAC*** (Politique Agricole Commune) sont définies dans le *Traité de Rome*:

> Article 39.
>
> La politique agricole commune a pour but:
>
> a) d'accroître la productivité de l'agriculture en développant le progrès technique, en assurant le développement rationnel de la production agricole ainsi qu'un emploi optimum des facteurs de production, notamment de la main-d'oeuvre,
>
> b) d'assurer ainsi un niveau de vie équitable à la population agricole, notamment par le relèvement du revenu individuel de ceux qui travaillent dans l'agriculture,
>
> c) de stabiliser les marchés,
>
> d) de garantir la sécurité des approvisionnements[20],
>
> e) d'assurer des prix raisonnables dans les livraisons aux consommateurs.[...]
>
> Article 40.
>
> [...] Il sera établi une organisation commune des marchés agricoles [...] comportant notamment des réglementations des prix, des subventions tant à la production qu'à la commercialisation des différents produits.
>
> (Extrait du *Traité de Rome* du 25 mars 1957 instituant la Communauté Economique Européenne)

20 supplies

La révolution agricole

La PAC répondait donc aux voeux des responsables agricoles français et bretons.

Pour les agriculteurs bretons, le mot d'ordre est clair: 'il faut produire'. Ils s'engagent à fond dans cette aventure. La production augmente vite grâce à l'utilisation d'engrais[21] et de meilleures semences[22], à des races de vaches laitières et de porcs plus productives, à l'emploi de tracteurs et de matériel agricole plus performants.

21 fertilizers
22 seed varieties

L'auto-consommation qui caractérisait l'agriculture bretonne disparaît petit à petit. Elle est remplacée par un système de ramassage de lait dans les fermes, par des chaînes d'abattage de porcs qui transforment le porc en charcuterie, par de vastes élevages industriels de volailles qui produisent oeufs et poulets. C'est une nouvelle forme d'agriculture qui est en train de naître.

Les résultats sont rapides et spectaculaires. Entre 1950 et 1990, malgré la disparition de plus de la moitié des exploitations agricoles, la production augmente de manière prodigieuse:

	1950	1980	1990
Part de la région dans la production française	7.5%	11.5%	11.6%
Rendement[23] en blé (en quintal[24] par hectare)	16.5	49	58
Rendement en lait (en litre par vache par an)	1 440	3 930	5 377
Nombre de porcs (en milliers)	730	4 400	6 370
Nombre de volailles (en millions)	5	73	104.5
Nombre de tracteurs	4 880	124 000	126 000
Consommation d'engrais (en tonnes)	74 500	463 000	442 560
Nombre d'exploitations	200 000	118 500	82 604
Surface de l'exploitation moyenne (en hectares)	10	15.5	22.5

23 yield
24 100 kilos

Source: *Annuaires statistiques du SCEES*, Service central d'enquêtes et d'études statistiques du ministère de l'agriculture, cité par C. Canevet, *Le modèle agricole breton*, Presses Universitaires de Rennes, 1992

TRADITION ET MODERNITÉ DANS LA RÉGION DE ROSCOFF

Traditionnellement, pour de nombreux Britanniques, la Bretagne était surtout connue comme la région d'origine des *Johnnies*, ces vendeurs d'oignons rosés, plus sucrés que les autres oignons, particulièrement appréciés des Britanniques.

Les *Johnnies* venaient du pays de Roscoff et parcouraient la Grande-Bretagne avec leur bicyclette et leurs chapelets[25] d'oignons.

De nos jours, leur nombre a fortement diminué, faute de jeunes pour les remplacer: il y en avait 1 300 en 1909; il en reste une vingtaine aujourd'hui.

Plutôt que d'émigrer vers les villes, les *Johnnies* préféraient survivre en passant une partie de l'année au pays natal et une autre en Grande- Bretagne.

Voici le témoignage de Claude Tanguy[26], habitant de Roscoff, en retraite aujourd'hui, qui a exercé cette profession toute sa vie depuis l'âge de treize ans:

25 strings of onions
26 in an interview, 14.8.93

... La vie était dure. On était avec nos parents, mais nos parents étaient très durs envers eux-mêmes. On se levait à cinq, six heures du matin et on travaillait jusqu'à dix, onze heures du soir, tous les jours.

J'avais treize ans en 1928, quand j'ai commencé. On ne connaissait pas la langue, on n'aimait pas la nourriture. On traversait sur un bateau à voile et tout dépendait du vent. Parfois, pendant huit jours, il n'y avait pas de vent et les oignons pourrissaient. On pouvait seulement les débarquer pour les jeter.

Une fois, une tempête près d'Edimbourg a ramené mon père sur les côtes de Norvège. Le voyage a duré 22 jours et ils avaient de la nourriture pour huit jours.

Moi, j'allais surtout à Edimbourg et j'allais jusqu'à Glasgow, Dunoon, partout en Ecosse. Et toujours en vélo. Mais au début, il y avait de la concurrence. On était 110 *Johnnies* à Edimbourg.

On partait fin-juillet, dès que les oignons étaient prêts et on rentrait pour Noël à la maison...

27 early spring
28 chicory

Le dynamisme et la ténacité caractérisent toujours aujourd'hui la région de Roscoff. A l'oignon se sont ajoutés d'autres légumes comme le chou-fleur, l'artichaut, la pomme de terre primeur[27], l'échalote, l'endive[28] qui continuent d'arriver sur la table des consommateurs anglais, par l'intermédiaire cette fois de Brittany Ferries. Ce dynamisme et cette ténacité apparaissent clairement à travers le curriculum vitae de l'un de ces paysans, Alexis Gourvennec:

> - ancien membre de la JAC
> - 1957: devient agriculteur
> - années 60: organisateur des grandes manifestations de paysans
> - 1961: président fondateur de la SICA* de Kérisnel
> - 1974: président de Brittany Ferries, la compagnie maritime dont les bureaux sont toujours à Roscoff aujourd'hui
> - 1979: président de la Caisse Régionale du Crédit Agricole

M. Gourvennec évoque le chemin parcouru par les hommes de sa génération:

> La Bretagne a eu la chance d'être assez pauvre pour ne pas avoir envie de le rester, et de n'être pas trop pauvre pour disposer des ressources nécessaires pour s'en sortir. Presque exclusivement agricole, avec la pêche mais sans industrie, elle exportait son trop-plein d'hommes, vers Paris notamment. Le détonateur a été le refus des jeunes d'aller vers la capitale.[...]
>
> Beaucoup ont alors voyagé pour étudier, notamment en Hollande, par cars entiers. J'y suis allé en 1953, puis retourné en 1957, pour acquérir des vaches laitières issues de sélections très avancées.[...]
>
> Dans la région de Saint-Pol-de-Léon, plus évoluée peut-être, moins pauvre, les échanges sur des questions techniques, qui se faisaient tous les jours lors de la vente des productions légumières, prédisposaient au travail en commun. Avec des amis, j'ai créé en 1957 un Centre d'Etude Technique Agricole. Une demi-journée par mois, quinze agriculteurs se réunissaient autour d'un technicien pour confronter les points de vue, parler essais, effectuer des visites.[...]
>
> Aujourd'hui, la SICA* de Kérisnel regroupe des producteurs et met sur le marché, dès leur récolte, par l'intermédiaire d'une vente aux enchères descendante au cadran[29], la quasi-totalité des légumes. [...] Nous pouvons mener des actions de publicité pour nos produits directement vers les consommateurs avec la marque *Prince de Bretagne*. [...] Ainsi, avec le cadran, d'une part il y a plus d'argent à gagner, parce que l'on gère la totalité du marché, et d'autre part, il est possible d'être représentatif face à la Communauté Européenne.[...]
>
> L'histoire nous apprend que la région n'avait jamais été aussi prospère que lorsqu'elle avait des relations par voie maritime avec l'Angleterre et l'étranger... La construction du port en eau profonde de Roscoff a eu lieu en 1971-72. Mais, en 1972, aucun armateur[30] français ou étranger n'a accepté de venir exploiter la ligne Roscoff-Plymouth. Aussi, en juillet 1972, avec les agriculteurs, nous avons décidé de créer notre armement[31], Brittany Ferries. Le voyage inaugural a eu lieu le 2 janvier 1973. La veille, la Grande-Bretagne était entrée dans le Marché Commun![...]
>
> Tous ces efforts permettent aujourd'hui un flux important d'exportations de productions légumières et d'autres marchandises en direction de la Grande-Bretagne.
>
> (Extrait de *Prince de Bretagne*, A. Gourvennec, *Réalités Industrielles*, Annales des Mines, Décembre 1989)

29 'Dutch auction', i.e. bids going down, not up

30 shipping company

31 here, ferry company

MOUVEMENTS DE PROTESTATION

Cette révolution agricole ne s'est pas toutefois réalisée sans conflit. Les paysans bretons ont acquis très vite une réputation au niveau national pour leur capacité à se mobiliser lorsqu'ils s'opposaient à la politique agricole du gouvernement.

Face aux pressions à la baisse sur les prix des produits agricoles et à la diminution constante du nombre d'exploitations, les agriculteurs, dès les années 60, ont fait entendre leur voix. Leurs méthodes sont devenues célèbres et redoutées en France: blocage des routes avec les tracteurs, déversement de tonnes de produits agricoles sur la chaussée, endommagement des préfectures, etc.

Depuis plus d'un an, c'est le prix du porc qui provoque les manifestations les plus remarquées:

> Le prix du porc est descendu hier sous la barre symbolique des 7F au kilo, atteignant, à 6,83F, son niveau le plus bas depuis douze ans. Les producteurs ont immédiatement réagi et des rassemblements ont eu lieu hier à Guingamp et Pontivy.[...]
> 150 à 200 producteurs de porcs étaient rassemblés vers 22 heures à Guingamp devant la sous-préfecture où ils ont brûlé deux poubelles avant d'être dispersés par les grenades lacrymogènes[32] des forces de l'ordre.
> 100 producteurs s'étaient également retrouvés hier soir à Pontivy où ils ont rencontré le sous-préfet M. Scheffer. Auparavant symboliquement, ils avaient accroché un porcelet à la grille de la sous-préfecture.

32 tear gas

(*Le Télégramme de Brest*, 12 novembre 1993)

L'ÉVOLUTION DE LA PAC

Les pressions les plus lourdes qui pèsent sur l'avenir de l'agriculture bretonne viennent aujourd'hui de Bruxelles.

La PAC a très vite permis d'augmenter la production grâce à la garantie offerte sur les prix de certains produits agricoles de base comme le lait et le blé. Cependant, dès les années 60, la production augmente si rapidement qu'elle crée d'énormes **excédents**[33]:

33 surpluses

• les fameuses 'montagnes de beurre' scandalisent la presse britannique!

• la politique de soutien coûte de plus en plus cher car les prix garantis au producteur sont supérieurs aux prix de vente sur les marchés internationaux. C'est l'époque où l'URSS achète du beurre européen pour... une bouchée de pain[34]!

34 'for a song'

La limitation de la production devient inévitable!

La Bretagne a bien profité du soutien accordé par la PAC au prix du lait et est devenue la première région productrice de lait en France. Elle est donc particulièrement affectée par la décision européenne, en mars 1984, d'imposer des **quotas laitiers**[35]. Dix ans plus tard, on peut mesurer les conséquences de ces restrictions:

35 maximum milk production allowed

> C'est environ un producteur breton sur deux qui a abandonné la production laitière en dix ans. Il s'agit essentiellement d'agriculteurs âgés, possédant de petites exploitations.

La révolution agricole

> En instaurant un régime de quotas en 1984, la CEE entendait limiter les excédents de lait.[...] Des aides ont été octroyées aux éleveurs arrêtant leur activité laitière, financées par la Communauté Européenne.[...]
> Le développement de la production a enregistré un sérieux coup de frein avec l'instauration des quotas.[...]
> En 1983, ils étaient 66 130 livreurs de lait en Bretagne pour une collecte de plus de 5,5 milliards de litres. En 1992, l'effectif est tombé à 33 700 livrant 4,7 milliards de litres.
>
> (*Le Télégramme de Brest*, 3 janvier 1994)

Au début des années 90, la Communauté s'attaque à la production céréalière. La décision de limiter cette production prévoit non seulement une baisse des prix de 35% sur trois ans, mais surtout l'obligation de **geler** 15% des grandes surfaces céréalières et de les laisser en friche[36]. C'est ce qu'on appelle officiellement 'la déprise'[37] des terres.

36 to lie fallow
37 'set aside'

Paradoxalement, dans cette crise, la Bretagne est mieux placée que d'autres régions. La crise céréalière concerne surtout les grands exploitants autour de Paris. La Bretagne, elle, possède une agriculture beaucoup plus variée et ses productions principales (légumes, porcs, volailles) ne bénéficient pas de prix garantis. Elles ne sont donc pas très influencées par les mesures prises dans le cadre de la PAC.

Cependant, les agriculteurs bretons craignent surtout que les régions céréalières, géographiquement mieux situées par rapport aux centres de consommation, se tournent vers d'autres productions, notamment le porc et les légumes, qui étaient, jusque là, la spécialité de la Bretagne.

LA BRETAGNE ET LE GATT*

En décembre 1993, la France, après des mois d'hésitation, accepte finalement de signer les accords du GATT. Ceux-ci visent à développer les échanges commerciaux dans le monde en abaissant les barrières protectionnistes (tarifs douaniers, quotas, etc.) et les subventions qui entravent[38] la concurrence internationale. L'agriculture est l'un des secteurs visés.

38 hinder

Grâce à la PAC, la France est devenue le second pays exportateur de produits agricoles dans le monde après les Etats-Unis. Par l'intermédiaire des accords du GATT, les Etat-Unis, de plus en plus menacés par les agriculteurs européens sur divers marchés, veulent leur imposer une réduction des subventions accordées aux produits exportés. Les produits visés sont, encore une fois, les céréales et les produits laitiers, mais aussi, fait inquiétant pour la Bretagne, les volailles:

> 'Le mécanisme visant à spolier[39] les exportateurs français au profit des USA est déjà en route', a écrit Charles Doux à Jean Puech, ministre de l'agriculture.
> La baisse des subventions à l'exportation de poulets hors d'Europe approche les 50 centimes par kilo pour les envois à destination des pays du Moyen-Orient.[...] Cette diminution du soutien européen va

39 here 'deprive of their markets'

fortement pénaliser Doux et ses collègues exportateurs (Bourgoin, UNICOPA, etc.). Le seul groupe Doux exporte ainsi près de 150 000 tonnes de volailles par an à l'aide du soutien européen. [...] Ce même jour, les Etats-Unis annonçaient un nouveau programme d'exportations subventionnées à destination de l'Egypte: 4 800F la tonne alors que le prix mondial s'établit entre 6 000 et 6 800F la tonne de poulets.

(Le *Télégramme de Brest*, 10 novembre 1993)

(L'entreprise Doux, installée en Bretagne depuis 1955, occupe le troisième rang mondial sur le marché de la volaille. Deux millions de volailles sont abattues par jour dans ses unités de production.)

PERSPECTIVES D'AVENIR

Les accords du GATT et la PAC n'incitent guère les agriculteurs bretons à un grand optimisme. A ces inquiétudes, s'ajoutent celles qu'évoque Goulven Thomin[40], agriculteur biologique[41], producteur de légumes dans le Finistère:

> 40 in an interview 13.8.93
> 41 organic farmer

Pourquoi est-ce que je suis pessimiste pour l'avenir de l'agriculture bretonne?

D'abord, en ce qui concerne les légumes, il n'y a plus de saison et on trouve par exemple des tomates toute l'année. Autrefois, grâce à son climat, la Bretagne avait l'avantage de produire les premiers légumes de la saison qui rapportaient davantage. Aujourd'hui, ce n'est plus le cas puisque les pommes de terre primeur par exemple arrivent des pays méditerranéens dès janvier. Le **légume primeur** est donc une carte de plus en plus difficile à jouer.

Ensuite, l'agriculteur breton a joué à fond la carte de la **quantité** au détriment de la qualité. Les légumes sont devenus insipides à cause des méthodes industrielles de production. Quand on pense qu'aujourd'hui, on a les techniques nécessaires pour produire sans terre et sans main d'oeuvre: usines à tomates, usines à porcs, usines à volaille, c'est tout à fait invraisemblable! C'est tout le modèle intensif breton qui est remis en cause.

En plus, les quantités d'engrais utilisées **polluent** non seulement les légumes mais l'eau du robinet. On mesure facilement cette pollution de l'eau avec les taux de nitrates et de phosphates. Les algues vertes[42], on les voit et on les sent le long des côtes. Tout ça, en grande partie à cause de l'agriculture. Et pourtant, il n'y a pas vraiment de remise en cause des techniques agricoles car, derrière cette forme de pollution, il y a des lobbies puissants (industries chimiques, engrais). Mais, il y a plus grave encore: il y a un phénomène moins connu, dont on commence à parler, c'est la pollution par les **produits phyto-sanitaires**, c'est-à-dire les désherbants[43] et insecticides qui ne se contentent pas de tuer les mauvaises herbes et les insectes.

> 42 invasion of green algae along coastline and in lakes

> 43 weedkillers

Finalement, pour faire face à tous ces défis, il faudrait attirer à la campagne des gens d'une certaine compétence, d'un certain dynamisme, des gens qui comprennent les besoins nouveaux. Or, il y a très peu de jeunes qui reprennent des fermes dans la région. Pour eux, tout ce qui a trait à la ruralité est ringard[44].

> 44 old fashioned

L'avenir risque donc d'être la **désertification** dans certains coins et la **pollution** dans d'autres. Dans le contexte économique actuel, on a de bonnes raisons d'être pessimiste en Bretagne.

Alors, doit-on remettre en cause l'énorme réussite de l'agriculture bretonne et en prévoir la fin prochaine? Rien de moins sûr!

Un grand nombre de Bretons partage l'inquiétude de Goulven Thomin au sujet de la pollution. D'après un sondage récent du *Télégramme de Brest*, 58% des Finistériens pensent qu'en 2015, l'eau du robinet sera imbuvable. Les chiffres sur les concentrations de nitrates dans l'eau semblent confirmer ce pessimisme:

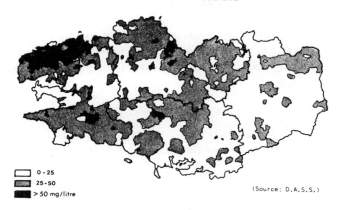

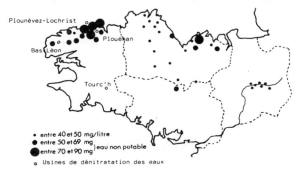

La pollution n'est pas liée seulement à l'utilisation d'engrais et de pesticides, mais aussi et surtout au lisier[45] produit par les élevages 'hors-sol'[46] de porcs et de volailles. Cependant, des solutions se mettent en place, sous l'oeil attentif de Bruxelles:

45 slurry
46 intensive indoor breeding
47 manure

- la **directive Nitrate**, publiée en février 1992, prévoit une réduction de l'épandage[47]. Le lisier doit être traité afin de ne pas affecter la qualité de l'eau.
- l'Union européenne définit des normes strictes sur le taux de nitrate permis dans l'eau du robinet.

Quant à la désertification, elle représente un réel danger dans certaines zones de Bretagne centrale. Elle menace pourtant moins la Bretagne que d'autres régions françaises; en effet, il existe en Bretagne centrale tout un réseau de petites villes comme Carhaix, Pontivy, Redon, qui fixent les populations et permettent de maintenir un certain dynamisme dans toute la région environnante.

Enfin, les agriculteurs bretons sont respectés pour leur professionnalisme en France, en Europe, et de plus en plus, dans le reste du monde. De nouveaux marchés s'ouvrent petit à petit (exportation de porcs vers le Japon par exemple) et les agriculteurs bretons, bien organisés, savent en profiter. Ils souffrent de la concurrence de nouveaux arrivants sur le marché mais ils se diversifient eux-mêmes vers de nouveaux produits plus lucratifs. Les succès récents de la salade iceberg, du broccoli, de la viande de cerf, pour ne citer que quelques produits, en témoignent.

En fin de compte, pour assurer leur avenir, les agriculteurs bretons devront, comme par le passé, être ouverts au changement. C'est bien l'avis de Bertrand Cousin, vice-président du Conseil Régional:

> Il ne faut pas se satisfaire de nos lauriers passés, répéter que nous sommes la première région agricole, que nous avons de bons laboratoires et d'excellentes filières agroalimentaires. En réalité, tout cela est extraordinairement fragile. Il nous faut entreprendre une mutation presque aussi importante que celle opérée par nos prédécesseurs dans les années soixante.
>
> (*Breizh e Pariz*, mars 1993)

Devant les changements qui s'annoncent, les Bretons devront de nouveau prouver qu'ils ont bien conservé toutes leurs vertus paysannes!

ACTIVITÉS

1. Traduisez en anglais l'interview de Goulven Thomin (Pourquoi est-ce que je suis pessimiste... en Bretagne), p. 76.

2. Faites un résumé d'une centaine de mots expliquant les différents facteurs qui ont permis à l'agriculture bretonne de décoller dans les années 60 (pp. 70-1).

3. Etudiez le tableau p. 71 et faites un commentaire d'une centaine de mots sur l'évolution qu'il décrit. Quelles conclusions peut-on en tirer en ce qui concerne la qualité de l'environnement (aspect des campagnes, pollution de l'eau, mauvaises odeurs, etc.)?

4. On vous demande d'écrire un article sur un agriculteur breton célèbre et vous choisissez de rencontrer Alexis Gourvennec. A l'aide de l'article 'Prince de Bretagne', préparez une série de dix questions que vous aimeriez lui poser sur:
   - son exploitation
   - les légumes qu'il produit
   - les méthodes de vente des produits
   - la création de Brittany Ferries

   Rédigez ensuite cet article pour un journal anglais sérieux.

5. Un jeune ami voudrait reprendre une ferme en Bretagne, spécialisée dans le lait et le porc. Vous examinez ensemble les avantages et les désavantages d'une telle installation. Que lui conseillez-vous de faire?

7 LE RÉVEIL INDUSTRIEL

> *On ne parlera jamais assez de l'effet bénéfique de l'iode sur le cerveau de nos chercheurs.*
>
> Publicité financée par la Région Bretagne

La Bretagne est une région assez peu industrialisée: alors qu'en 1992, elle se situait au septième rang des vingt-deux régions françaises pour la population, elle ne se trouvait qu'au onzième rang pour la valeur industrielle.

L'industrialisation y est récente. A partir de 1960, la Bretagne connaît un certain décollage industriel, lié principalement à deux facteurs:

- d'une part, une révolution agricole dans la région qui a permis le développement d'**industries agro-alimentaires** (IAA);
- d'autre part, un vaste programme de **décentralisation industrielle** dans les années 60 et 70. L'Etat encourage des entreprises privées à s'installer dans des zones peu industrialisées; en outre, l'Etat lui-même, principal employeur du pays, installe des centres de recherche dans les différentes régions françaises.

Bilan de ce mouvement d'industrialisation: en 1990, l'industrie employait 19.3% de la population active bretonne (contre 23% en moyenne pour la France) et les principaux secteurs industriels étaient les suivants:

Répartition de l'emploi salarié industriel (en % par secteur d'activité)	
Industries agro-alimentaires (IAA)	27.93%
Matériel électrique et électronique	9.72%
Automobile*	9.45%
Construction navale** et armement	7.99%
Bois, ameublement	6.98%
Travail métaux	5.56%
Construction mécanique	5.52%
Caoutchouc, matières plastiques***	4.08%
Imprimerie, presse, édition	3.91%
Textile, habillement	3.76%
Parachimie****, pharmacie	2.86%
Autres (papier, cuir, verre, équipement ménager, etc.)	12.24%

Source: INSEE, 1990, cité dans *Cahiers du SGAR*, (Secrétariat général pour les affaires régionales), Numéro 6, *Repères pour la Bretagne*, Préfecture de la Région Bretagne.

* *Citroën*
** Arsenaux militaires de Brest et de Lorient
*** Caoutchouc pour l'automobile, matières plastiques pour la construction navale de plaisance
**** Cosmétiques (*Yves Rocher*)

La crise économique qui a affecté le monde occidental à partir de 1974 a eu un effet dramatique sur l'emploi: entre 1974 et 1987, l'industrie française a perdu un emploi sur cinq. Paradoxalement, pendant cette même période, la Bretagne est la seule région où l'emploi industriel a augmenté, en raison de la croissance de l'industrie agro-alimentaire:

Effectifs salariés dans l'industrie:		
	Bretagne	**France**
1968	132 700	5 356 800
1974	169 000	5 950 300
1980	172 000	5 493 700
1986	176 200	4 698 500
1990	186 389	4 592 000

Source: INSEE, cité dans *Cahiers du SGAR*.

Même si ces résultats semblent encourageants, il faut se souvenir qu'en matière industrielle, la Bretagne a commencé à un niveau plus bas que bien d'autres régions françaises et n'a toujours pas rattrapé son retard.

LE RETARD INDUSTRIEL: UNE FATALITÉ?

Lorsque l'on évoque le passé industriel de la Bretagne, l'image qui vient à l'esprit est celle d'une région repliée sur elle-même, fataliste, dépassée par le progrès. Cette image résulte en fait des mutations entraînées par la révolution industrielle vers le milieu du 19ème siècle et du déclin que connut l'industrie bretonne à partir de cette époque.

Auparavant, selon l'historien G. Minois, 'la Bretagne occupait un rang honorable dans le domaine industriel et personne ne l'aurait qualifiée de sous-industrialisée'. L'industrie métallurgique avec notamment les forges[1] de Paimpont, l'industrie textile (drap[2], toile[3]...), la construction navale à Brest et à Lorient, les carrières de granite, l'extraction de l'étain, toutes ces industries donnaient à la Bretagne une base industrielle non négligeable.

1 ironworks
2 woollen cloth
3 canvas

Dans ces conditions, comment justifie-t-on le rendez-vous manqué de la révolution industrielle et le retard accumulé jusqu'à aujourd'hui? Les accusés ne manquent pas:

4 landed gentry

- une aristocratie terrienne[4] souvent peu entreprenante
- une agriculture intensive et familiale exigeant beaucoup de main d'oeuvre
- la timidité d'une bourgeoisie bretonne qui préfère investir dans la terre plutôt que dans l'industrie.
- une Eglise catholique fermée à toute idée de modernité

Le réveil industriel

Pourtant, deux facteurs purement économiques expliquent en grande partie le phénomène:

• *la faiblesse du secteur énergétique*

Il n'y a jamais eu de sources d'énergie comme le charbon ou le pétrole en Bretagne. Les 3 000 moulins à vent et 1 500 moulins à eau que comptait la Bretagne vers 1850 ne suffisaient pas à attirer les nouvelles industries, avides de charbon.

Des mesures ont été prises pour essayer de porter remède à cette faiblesse, avec notamment dans les années 50, la construction de l'usine marémotrice[5] de la Rance; malheureusement, elle fonctionne depuis 1965 à un niveau plus bas que prévu. Dans les années 70, il était envisagé de construire une centrale nucléaire à Plogoff, près de la Pointe du Raz, dans le Finistère; à la suite de mouvements de protestation de la population, ce projet fut abandonné lors de l'arrivée au pouvoir des socialistes en 1981.

5 tidal power station

• *la concurrence de régions plus avancées*

A partir de 1850, les industries traditionnelles ne peuvent plus résister à l'assaut des technologies nouvelles:

> ▫ Les navires à vapeur remplacent les navires à voile, portant un coup fatal à l'industrie textile qui fabriquait les voiles et les cordages.
> ▫ Dans l'habillement, le coton remplace le drap; le nord de l'Europe, et notamment l'Angleterre, dominent le marché.
> ▫ Les usines de l'est et du nord de la France concurrencent avec leur nouvelles machines les industries textiles et métallurgiques bretonnes restées artisanales.

LES INDUSTRIES AGRO-ALIMENTAIRES (IAA)

Il faudra attendre les années 60 pour que la Bretagne retrouve une certaine vitalité industrielle grâce au secteur agro-alimentaire. A la suite de la révolution agricole des années 60, les industries agro-alimentaires représentent en fait aujourd'hui le seul secteur où la Bretagne peut vraiment prétendre à une spécialisation industrielle. De plus, étant situées dans des zones rurales où elles constituent très souvent la seule activité industrielle, elles sont une source de dynamisme déterminante pour ces zones.

La Bretagne produit 12.5% du chiffre d'affaires[6] des IAA françaises, ce qui la situe au deuxième rang des régions françaises derrière la région parisienne:

6 turnover

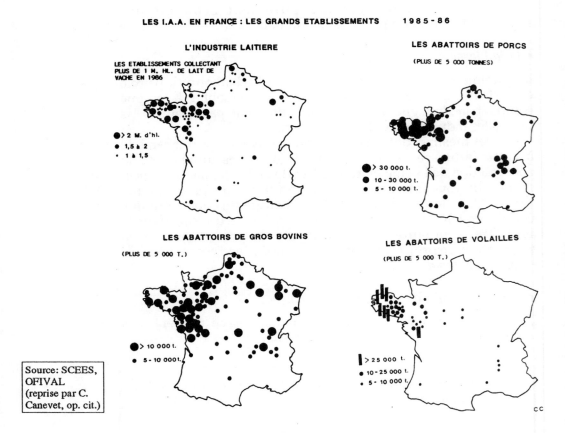

Les IAA bretonnes suivent bien entendu les grandes orientations de la production agricole et de la pêche de la région:

7 slaughter
8 processing and packing
9 skimmed milk

Principales productions en pourcentage du tonnage français	
conserverie de poissons	75%
abattage[7] et conditionnement[8] de volailles	46%
production de lait écrémé[9]	34%
production de beurre	34%
abattage de bétail	32%
charcuterie – conserves de viande	23%
conserves de légumes	19%

Source: *Cahiers du SGAR*, No 6, op. cit.

Alors que partout dans le monde, de nombreux secteurs industriels étaient en crise et perdaient des emplois dans les années 80, le nombre d'emplois créés par les IAA en Bretagne a régulièrement augmenté jusqu'en 1990:

Le réveil industriel

Nombre d'emplois dans les industries agro-alimentaires	
ANNÉE	NOMBRE D'EMPLOIS
1962	21 000
1968	25 700
1975	37 600
1980	41 900
1985	50 000
1990	54 500

Source: INSEE

Depuis 1991 cependant, ce nombre d'emplois tend à se stabiliser. Bien que le dynamisme du secteur agro-alimentaire soit incontestable, c'est la **valeur ajoutée** par le processus de transformation qui est préoccupant dans ce secteur industriel: contrairement à la haute technologie qui demande d'immenses efforts de recherche et de développement et qui crée donc des emplois de chercheurs, de techniciens..., la transformation des produits agricoles est un processus simple, nécessitant peu de main d'oeuvre ou de capital et qui donc ne peut créer énormément d'emplois. D'un point de vue industriel, rien n'est plus simple que de mettre des légumes en conserve!

De plus, il est à craindre qu'à l'avenir, certains secteurs de l'agro-alimentaire essaient de se **délocaliser**[10]: ce mot, créé récemment, fait peur! Une délocalisation a lieu lorsqu'une entreprise abandonne un site en faveur d'un autre site jugé plus favorable. L'entreprise se réinstalle soit à l'étranger dans des pays où les coûts de main d'oeuvre sont moins élevés, soit dans une autre région française plus proche des marchés européens.

10 to relocate

LE RÔLE DES COOPÉRATIVES DANS LES IAA

La croissance du secteur agro-alimentaire a attiré des entreprises multinationales, les plus tentées aujourd'hui par les délocalisations. On trouve aussi dans ce secteur de grandes entreprises privées, nées en Bretagne, et dont le siège social[11] est resté en Bretagne, comme *Guyomarc'h* dans la nutrition animale (6 200 salariés), *Bridel* dans les produits laitiers (2 500 salariés), *Doux* dans la volaille (6 500 salariés).

11 head office

Le système de production le plus original est peut-être celui des coopératives, qui, du fait qu'elles appartiennent aux agriculteurs de la région, constituent un facteur de stabilité géographique pour le secteur agro-alimentaire.

Les coopératives ont connu une progression spectaculaire et leur part est passée de moins de 10% en 1955 à 33% de l'activité régionale des IAA en 1990.

Coopagri-Bretagne est la coopérative bretonne qui a le chiffre d'affaires le plus élevé (7 milliards de francs); elle emploie 2 800 salariés.

Frédéric Soudon[12], directeur des relations coopératives à *Coopagri-Bretagne*, évoque la naissance de cette coopérative à Landerneau (Nord-Finistère):

12 in an interview, 12.8.93

> Le système coopératif a été créé par des agriculteurs qui se sont dit, vers la fin du siècle dernier, qu'il fallait absolument qu'ils arrivent à se regrouper pour pouvoir faire le poids[13] face aux négociants qui fixaient eux-mêmes leurs prix. Il leur fallait également faire le poids au niveau des achats qu'ils avaient à faire, engrais, semences, mais aussi au niveau des produits qu'ils avaient à vendre. Voilà comment *Coopagri-Bretagne* est née en 1911 de la fusion de treize syndicats locaux. Les agriculteurs avaient déjà commencé à se regrouper, en général au niveau de la commune, pour acheter ensemble des semences, etc. A ce moment-là, la coopérative s'appelait l'*Office Central de Landerneau*. Les structures étaient très légères au départ, un dépôt[14] pour pouvoir stocker, quelques employés. Les agriculteurs avaient donc mis un peu d'argent en commun pour financer les stocks. C'est toujours pareil aujourd'hui: le matériel, les stocks, le capital, tout cela appartient aux agriculteurs. Les agriculteurs sont entièrement propriétaires de la *Coopagri*.

13 to be no match for an opponent

14 warehouse

L'EXEMPLE DE CITROËN

A partir de 1950, grâce en partie à l'action du CELIB*, le gouvernement français prend conscience que seule une politique énergique en matière de décentralisation permettra le développement industriel des régions françaises défavorisées. Il aide donc de grandes entreprises à s'installer en Bretagne.

Ces entreprises recherchent une main d'oeuvre abondante et peu qualifiée pour travailler à la chaîne. La révolution agricole qui introduit la mécanisation en Bretagne, rend disponible pour l'emploi industriel des milliers d'anciens agriculteurs.

C'est tout d'abord l'entreprise Citroën, attirée par cette main d'oeuvre rurale, qui ouvre sa première usine à Rennes en 1954, puis une deuxième à Rennes-la-Janais, au sud de Rennes, en 1962. Rennes-la-Janais reste aujourd'hui le plus grand site industriel de Bretagne, produisant 1 350 véhicules par jour, ce qui permet à l'industrie automobile d'occuper le troisième rang pour l'emploi industriel en Bretagne, avec 12 800 salariés.

Auguste Genovese, directeur du centre de production à Citroën, pense le plus grand bien de son personnel breton:

> S'il m'était donné de créer ma propre entreprise, c'est en Bretagne que je le ferais sans hésitation aucune. Ce choix m'est dicté par la qualité des hommes de cette région. Ils sont vrais, sincères, courageux, tenaces et leur engagement est total. Seule précaution: ne jamais les tromper et lutter avec eux, auprès d'eux.

(*Bretagne Economique*, No 52, septembre 1992)

Le réveil industriel

DÉCENTRALISATION ET CENTRES DE RECHERCHE

En 1961, sous l'impulsion de son directeur breton, M. Pierre Marzin, le CNET (*Centre National d'Etude des Télécommunications*) s'installe à Lannion. En 1962, c'est le tour du *Radôme* de Pleumeur-Bodou, station de télécommunication spatiale, qui a permis la première liaison télévisée par satellite avec les USA. D'autres centres de recherche suivent: le CCETT (*Centre Commun d'Etudes de Télédiffusion et Télécommunications*) s'installe à Rennes en 1972. C'est au CCETT que fut élaboré le premier minitel[15]:

> Mis au point en 1979 et lancé à grande échelle en 1983, le minitel aborde dix ans plus tard une phase nouvelle de son développement, qui, à terme, pourrait inaugurer l'ère du multimédia pour le grand public.
> Le succès du service le plus connu, l'annuaire[16] électronique, ne se dément pas au cours des années, puisqu'en 1992 plus de 750 millions d'appels ont été enregistrés à partir des 6,2 millions de minitels en service.
> Selon l'étude de *France-Télécom* portant sur l'année 1992, la barre des 20 000 services disponibles a été franchie, dont ceux concernant les transports, les réservations, la banque par correspondance et les loisirs sont les plus utilisés.
> Forts de ces succès, les chercheurs de *France-Télécom* et du CCETT de Rennes entendent bien poursuivre cette entreprise. [...] Déjà, l'association son/image fixe/texte ne pose pas de difficulté technique majeure. A l'avenir, l'addition d'images animées est également envisageable.
>
> (*Le Télégramme de Brest*, 19 novembre 1993)

On peut citer d'autres produits développés d'abord dans des centres de recherche bretons: le système Antiope[17], l'imagerie médicale[18], les fibres optiques, la télévision haute-définition, les écrans plats.

Le mouvement de décentralisation industrielle a commencé à perdre sa vigueur dans les années 70. L'attention de l'Etat s'est tournée alors vers d'autres régions en difficulté, en particulier le Nord et la Lorraine: paradoxalement, c'était au tour de ces régions anciennement industrialisées d'être gravement touchées par la crise des industries sidérurgique[19], textile et minière et par les problèmes humains qu'entraînent le chômage et le désespoir.

De nos jours, l'Etat intervient moins dans le développement économique autoritaire des régions et compte davantage sur l'initiative des régions elles-mêmes pour attirer les investissements français ou étrangers et les fonds européens.

Pourtant devant les problèmes énormes que pose la concentration industrielle et humaine dans la région parisienne, on recommence à parler de décentralisation des administrations vers la province. Il y a eu quelques délocalisations de la région parisienne vers la Bretagne, notamment *Phares et Balises*[20] (1987), l'*Institut Polaire* (1992) et plus récemment la *Direction de l'Aviation Civile*.

---

15 small computer, often found in French homes, offering a whole range of information services

16 **directory**

17 similar to Ceefax

18 **scanning**

19 **steel industry**

20 administration of lighthouses and beacons

VOCATION ÉLECTRONIQUE DE LA BRETAGNE?

Les centres de recherche ont attiré des entreprises spécialisées et on retrouve en Bretagne tous les grands noms de l'industrie française des télécommunications (*Alcatel, Thompson, Matra*, etc.). Ces entreprises se sont installées principalement dans le Trégor, qui est devenu un pôle de développement des télécommunications et du matériel téléphonique. Brest a vu aussi s'implanter l'entreprise *Thomson-CSF*, suivie de cinq autres usines apparentées. Rennes et sa région ont bénéficié d'une évolution semblable.

21 high tech

Ces activités de pointe[21] ont fait naître l'espoir que la Bretagne possédait une **vocation électronique**. Cet espoir ne s'est pourtant pas totalement concrétisé: après trente ans d'existence, bien que l'industrie électronique emploie près de 10% des salariés bretons et que la Bretagne se place en cinquième position nationale dans la filière électronique, l'avenir de ce secteur s'annonce difficile. Très exposé à la concurrence mondiale, celui-ci connaît, depuis les années 80, une période difficile accompagnée d'un nombre important de licenciements[22]. C'est le cas notamment dans le secteur du matériel téléphonique et de la défense: ainsi l'entreprise *Thomson CSF-Brest*, spécialisée dans le matériel de défense, qui employait 1 800 salariés en 1983 n'en compte plus que 1 130 en 1993.

22 redundancies

Le bilan de l'implantation de ces industries reste pourtant positif. Entre 1954 et 1987, 119 usines décentralisées ont ouvert leurs portes en Bretagne et il en reste aujourd'hui 89 en activité. Le nombre d'emplois créés par les décentralisations est évalué à 30 000.

23 business parks

24 highly competitive schools for top engineers

Autour des grandes entreprises se sont développées des technopoles[23]: technopole Rennes-Atalante, Brest-Iroise, Anticipa-Lannion... Ces technopoles regroupent des Grandes Ecoles[24], des centres de recherche, des entreprises, grandes, moyennes ou petites qui travaillent dans les secteurs industriels de pointe.

On reproche toutefois aux décentralisations de ne pas avoir résolu le problème du déséquilibre géographique de la région: la région de Rennes a attiré 47% des emplois décentralisés alors que la Bretagne intérieure n'en a bénéficié que de 4%.

De plus, tout comme dans l'agro-alimentaire, puisque les centres de décision de ces entreprises ne se trouvent pas en Bretagne, celles-ci sont souvent attirées, pour des raisons de concurrence mondiale acharnée, par une main d'oeuvre moins chère et par les délocalisations.

L'AVENIR INDUSTRIEL DE LA BRETAGNE

En Bretagne comme dans de nombreuses autres régions, on ne sait trop s'il faut céder au pessimisme créé par la montée du chômage, qui condamne des régions périphériques comme la Bretagne à un lent déclin, ou s'il ne faut voir, dans les

Le réveil industriel

problèmes du moment, que des difficultés temporaires. Deux types d'évolution possibles sont avancés:

- *Un scénario optimiste de l'avenir industriel*

Selon certains, l'avenir industriel de la Bretagne est assuré. Partout dans le monde, l'industrie se transforme et les nouvelles technologies ne reposent plus, comme avant, sur la proximité des matières premières et des sources d'énergie. L'avenir industriel dépend aujourd'hui des facteurs suivants:

- recherche
- qualité du personnel
- dynamisme des chefs d'entreprise

En matière de recherche, avec 6 000 chercheurs et techniciens et 12 milliards de dépenses dans ce domaine, la Bretagne est en bonne place. Elle pourrait donc jouer un rôle fondamental dans le développement des télécommunications, de l'imagerie médicale, et surtout dans le domaine des biotechnologies.

Les biotechnologies cherchent à créer de nouveaux produits (produits chimiques, médicaments...), de nouvelles sources d'énergie même (diester[25]), en transformant les matières premières agricoles et marines. C'est donc dans la vocation agricole et maritime de la Bretagne que ces optimistes voient les nouvelles industries et les nouveaux emplois de demain.

[25] fuel derived from vegetable oil

La recherche océanographique en témoigne: la mer et ses richesses intéressent de plus en plus la science; alors que le nombre de pêcheurs diminue régulièrement, de nouvelles possibilités s'ouvrent sans cesse pour les chercheurs et techniciens. Il est indéniable qu'aujourd'hui, la recherche océanographique et météorologique donne à la Bretagne un rang international de premier ordre. L'IFREMER (*Institut Français pour l'exploitation des mers*), créé en 1984, possède cinq centres en France mais le plus important se trouve à Brest. Ses chercheurs étudient les ressources marines et l'influence de l'océan sur le climat, luttent contre la pollution, travaillent dans les fonds marins et recherchent les matières premières de demain:

Les nodules polymétalliques: un potentiel considérable de matière première.

Les nodules polymétalliques sont ces curieux cailloux noirs qui tapissent, par 5 000 mètres de profondeur, les sédiments de certaines régions océaniques.[...]

Les nodules représentent un potentiel considérable de matière première minérale pour les années à venir, principalement en nickel, cuivre et manganèse.[...]

L'IFREMER s'est intéressé à l'étude d'une zone dans l'océan Pacifique nord-est. Une demande de permis a été déposée par la France et obtenue auprès de l'ONU en décembre 1987 pour une surface de 75 000 km² (c'est à peu près l'équivalent de la superficie de l'Irlande).

Aucun gisement[26] de nodules n'est encore exploité à ce jour. Mais

[26] **deposit**

plusieurs pays comme le Japon, l'Allemagne et la France continuent à subventionner des travaux de recherche et de développement en technologie d'intervention sous-marine profonde, pour la réalisation d'un système de remontée des nodules par pompage.[...]

Cependant, l'économie mondiale n'est pas encore propice au démarrage d'une exploitation des gisements sous-marins de nodules polymétalliques.

(*Le Télégramme de Brest*, en collaboration avec l'IFREMER, 10 octobre 1992)

La qualité du personnel breton n'est plus à démontrer: la bonne performance du système éducatif et l'ardeur des Bretons au travail ont déjà été notées. Le niveau d'absentéisme y est moins élevé que la moyenne nationale.

Quant aux chefs d'entreprise, ils ont fait preuve d'une grande ténacité et d'un esprit d'indépendance depuis les années 60. Il suffit ici de citer quelques noms:

> ❑ **Edouard Leclerc**, 'l'épicier de Landerneau', à la tête de plus de 600 Centres Leclerc partout en France.
>
> ❑ **Yves Rocher**, implanté à La Gacilly dans le Morbihan où il emploie 2 800 personnes. Son slogan 'la beauté par les plantes' lui a ouvert un créneau[27] dans l'industrie des cosmétiques.
>
> ❑ **Vincent Bolloré** qui a donné aux Papeteries Bolloré, installées près de Quimper depuis 1822, une dimension internationale.

27 niche

• *Un scénario pessimiste de l'avenir industriel:*

Selon d'autres, l'évolution industrielle de la Bretagne reste préoccupante. L'industrie bretonne présente aujourd'hui des faiblesses semblables à celles d'autrefois. Les statistiques montrent des résultats inférieurs à la moyenne française dans des domaines clé:

> ❑ la **valeur ajoutée des produits**, spécialement dans l'industrie agro-alimentaire, reste faible. Elle y est inférieure de 23% à la moyenne française: le faible degré de transformation des produits alimentaires crée peu de richesse et donc peu d'emplois.
>
> ❑ à l'exception de l'industrie automobile et de l'industrie électronique, l'industrie bretonne **exporte peu**, malgré d'énormes efforts faits dans ce domaine pour promouvoir les produits bretons.
>
> ❑ la grande faiblesse de la Bretagne reste liée à son éloignement de l'axe européen Londres-Francfort-Milan: à cause de sa position géographique, c'est la région de France qui de nos jours, attire **le moins de capitaux étrangers**, à l'exception de la Corse. L'implantation, en 1983, de l'entreprise japonaise Canon, à Liffré, près de Rennes, reste une exception.

Une exception peut-être, mais les raisons qui ont encouragé l'entreprise japonaise à installer en Bretagne sa

Le réveil industriel

production de télécopieurs, photocopieurs et imprimantes laser, peuvent donner lieu à un optimisme modéré:

> Nous voulons que nos personnels, japonais et français, bénéficient d'un environnement satisfaisant; en outre la réputation de la main d'oeuvre bretonne est excellente; nous avons également été sensibles au potentiel de recherche existant dans votre région.
> (Nobufusa Tomomatsu, P.D.G. de *Canon Bretagne SA*, cité par B. Cousin, op. cit.)

Les ouvriers rennais de Citroën, quant à eux, envisagent l'avenir industriel de la Bretagne avec sérénité: ils ont adopté la devise «mieux que nippon, breton»!

ACTIVITÉS

1. Traduisez en anglais l'entrevue avec Frédéric Soudon, p. 84.

2. A l'aide de la section 'Les industries agro-alimentaires' et en particulier des deux tableaux p. 82-3, faites un résumé d'une centaine de mots montrant l'importance des industries agro-alimentaires en Bretagne.

3. Lisez attentivement les deux sections sur les industries décentralisées et faites une liste de ce que ces industries ont apporté à la Bretagne. Voyez-vous aussi dans leur installation quelques désavantages?

4. Le gouvernement aimerait que certains centres de recherche quittent Paris pour s'installer à Brest ou à Rennes et a chargé votre entreprise de faire une enquête sur:
   - la réaction du personnel parisien
   - l'accueil que recevrait ce laboratoire en Bretagne.

   Vous préparez une dizaine de questions que vous aimeriez poser au personnel sur les avantages et désavantages qu'une telle décision aurait sur leur vie quotidienne.
   Vous préparez ensuite les questions que vous poserez lors de votre rencontre avec les maires de Rennes et de Brest.
   Imaginez ce que seraient les conclusions de ces deux enquêtes et rédigez un rapport à remettre au gouvernement en faveur ou à l'encontre de ce projet.

5. Vous devez préparer un colloque sur le thème 'Les nouveaux emplois industriels en Bretagne à l'horizon de l'an 2000'.
   Faites une liste de cinq thèmes que vous aimeriez voir développer lors de ce colloque.

8 LA MER

Les Bretons naissent, les eaux de la mer circulant autour de leur coeur.

(Ancien proverbe breton)

Bordée par la Manche et l'océan Atlantique, la Bretagne est, avec ses 1700 kilomètres de côtes et ses nombreux ports, une région à **vocation maritime**. La mer est l'un des éléments fondamentaux de la vie bretonne et toutes les grandes villes, à l'exception de Rennes, sont situées sur **le littoral**, partie de la Bretagne la plus active et la plus peuplée.

Traditionnellement, on reconnaît aux Bretons, qu'ils soient pêcheurs, membres de la Marine Nationale ou de la marine marchande, ou encore navigateurs sur des voiliers de plaisance, une hardiesse et un courage exceptionnels.

La mer est l'une des sources d'emplois les plus importantes en Bretagne:

Les emplois maritimes en Bretagne	
Activités industrielles	
Pêche et aquaculture	13 000
Sables	100
Industrie des algues	700
Industrie mécanique, moteurs	1 300
Electronique marin	600
Construction et réparation navale	13 000
Industrie de la plaisance	800
Industries alimentaires	4 300
Matériels pour la pêche	800
TOTAL	**35 000**
Activités tertiaires	
Forces navales	20 000
Administrations maritimes	2 000
Recherche et formation	1 000
Marine marchande	6 000
Activités portuaires et de transports	4 000
Commerce maritime	3 000
Tourisme	15 000
TOTAL	**52 000**

Source: Préfecture de la Région Bretagne, 1er janvier 1991

La mer

Activité par excellence liée à la mer, la pêche. Elle a traditionnellement contribué au développement économique et démographique du littoral breton. La Bretagne est de nos jours la deuxième région de pêche en Europe après la Galice (Espagne) et la première pour la valeur des prises[1] de poissons et de crustacés[2] en France (44% en 1991):

1 catches
2 shellfish

Part de la Bretagne en 1990-91 dans la pêche française.	
Poissons frais	72.5%
Crustacés	72.5%
Coquilles Saint-Jacques[3]	29.1%
Huîtres plates[4]	73.8%
Moules	29.3%
Source: Administration des Affaires Maritimes/INSEE, *Tableaux de l'économie bretonne*, édition 1992.	

3 scallops
4 one of the two main types of oysters

Parmi les principaux ports de pêche français, quatre ports bretons (Lorient, Concarneau, Le Guilvinec et Douarnenez) représentent 37% du tonnage des pêches françaises:

Les principaux ports de pêche français (en milliers de tonnes en 1990)	
1. Boulogne (Nord/Pas-de-Calais)	68.6
2. Lorient (Bretagne)	50.1
3. Concarneau (Bretagne)	31.8
4. Le Guilvinec (Bretagne)	15.6
5. Douarnenez (Bretagne)	13.3
6. St-Guénolé (Bretagne)	12.3
7. Port-en-Bessin (Normandie)	11.9
8. Les Sables-d'Olonne (Vendée)	11.8
9. Dieppe (Normandie)	9.3
10. Loctudy (Bretagne)	9.1
Source: INSEE, 1991	

De par sa position géographique, la Bretagne possède aussi un rôle stratégique important pour la Marine Nationale française. Brest et Lorient sont, depuis le 17ème siècle, des ports militaires importants, et l'Ile-Longue, au large de Brest, sert de base aux sous-marins nucléaires français. C'est à Brest, second port militaire français après Toulon, qu'est installée la *Préfecture maritime de la zone atlantique*.

Sur les cinq arsenaux militaires[5] que possèdent la France, deux sont en Bretagne, à Brest et à Lorient, dirigés par la DCN (*Direction des Constructions Navales*): celui de Brest, avec ses 6 800 emplois directs, est le principal employeur brestois; celui de Lorient emploie directement 3 900 salariés.

5 naval dockyards

LA TRADITION DE LA PÊCHE À LA MORUE[6]

6 cod

La pêche est une activité très ancienne en Bretagne et il reste aujourd'hui un port sur la côte nord, Saint-Malo, qui perpétue une tradition vieille de 500 ans: la pêche à la morue. Troisième port morutier de France, Saint-Malo est le seul port breton à avoir gardé trois grands chalutiers[7], bateaux usines de 60 à 90 mètres qui partent pêcher la morue en Islande et traversent même l'Atlantique pour aller pêcher à Saint-Pierre-et-Miquelon, territoire français d'outre-mer près de Terre-Neuve (Canada).

7 trawlers

La pêche à la morue a fait la richesse des ports bretons situés entre Saint-Malo et Paimpol. La saison durait six mois, six mois de travail pénible et dangereux. Voici comment Pierre Loti décrivait l'aventure des 'Islandais' dans son livre *Pêcheur d'Islande*, publié en 1886:

> A peine avaient-ils jeté leurs lignes dans cette eau tranquille et froide, ils les relevèrent avec des poissons lourds, d'un gris luisant d'acier.
> Et toujours, et toujours, les morues vives se faisaient prendre; c'était rapide et incessant, cette pêche silencieuse. L'autre éventrait[8], avec son grand couteau, aplatissait[9], salait, comptait, et la saumure[10] qui devait faire leur fortune au retour s'empilait derrière eux, toute ruisselante et fraîche.[...]
> Leur navire s'appelait la *Marie*, capitaine Guermeur. Il allait chaque année faire la grande pêche dangereuse dans ces régions froides où les étés n'ont plus de nuits.
> Quant à eux, les six hommes et le mousse[11], ils étaient des *Islandais* (une race vaillante de marins qui est répandue surtout au pays de Paimpol et de Tréguier, et qui s'est vouée de père en fils à cette pêche-là).
> Ils n'avaient presque jamais vu l'été en France.
> A la fin de chaque hiver, ils recevaient avec les autres pêcheurs, dans le port de Paimpol, la bénédiction[12] des départs... Le saint-sacrement, suivi d'une procession lente de femmes et de mères, de fiancées et de soeurs, faisait le tour du port, où tous les navires islandais, qui s'étaient pavoisés[13], saluaient du pavillon[14] au passage. Le prêtre, s'arrêtant devant chacun d'eux, disait les paroles et faisait les gestes qui bénissent.
> Enfin, ils partaient tous, comme une flotte, laissant le pays presque vide d'époux, d'amants et de fils.

8 to gut
9 to flatten
10 here, salted cod

11 ship's boy

12 blessing

13 to dress a ship with flags
14 flag

Pour combien de temps encore les pêcheurs bretons partiront-ils au large pêcher la morue? Pas pour longtemps, si l'on en croit les inventaires de bancs de morues qui montrent que cette espèce de poisson est très menacée.

PRATIQUES DE LA PÊCHE BRETONNE AUJOURD'HUI

15 lasting no more than 24 hours
16 lasting between 1 and 4 days, with a crew of between 3 and 5 men
17 lasting more than 96 hours
18 lasting more than 20 days

Comment se présente la pêche bretonne aujourd'hui?

• C'est essentiellement une activité **artisanale**: plus de 80% des navires bretons pratiquent la petite pêche[15] et la pêche côtière[16], 15% la pêche au large[17] et 2% la grande pêche[18].

• La pêche présente un visage différent dans le nord et

dans le sud de la Bretagne. Dans le nord, on pratique principalement la pêche côtière (coquillages, crustacés, poissons de ligne), qui se pratique à la journée en vue des côtes. C'est dans le sud de la Bretagne, entre Douarnenez et Lorient, que s'est établie la suprématie de la pêche bretonne, une pêche très dynamique dès le développement de la pêche sardinière au 19ème siècle. C'est à ce moment-là que s'est implantée une industrie de conserverie[19], qui, bien qu'en déclin de nos jours, continue à mettre en conserve le thon, la sardine et le maquereau.

• Les grands ports du sud se sont tournés principalement vers les **produits frais**: crustacés (homard, crevette, langoustine[20], langouste[21]) et poissons de fond (merlu[22], lotte[23], lieu noir[24], dorade[25], thon frais, raie). Pendant l'été, de nombreux touristes aiment assister à l'arrivée au port des bateaux et au débarquement du poisson fraîchement pêché.

• Une grande partie de la pêche bretonne est vendue fraîche, par l'intermédiaire de 18 criées[26]. Le poisson est vendu aux enchères à des mareyeurs[27] et les cours du poisson sont publiés tous les jours dans les journaux locaux:

19 canning factories
20 langoustine, scampi
21 spiny lobster
22 hake
23 monkfish
24 coley
25 sea bream
26 auctions of freshly landed fish
27 wholesale fish merchants
28 main food market in Paris
29 long fin tuna

Les mareyeurs emploient environ 1200 salariés (dockers, manoeuvres, expéditeurs, etc.) et ils se chargent du transport par camions frigorifiques et de la distribution du poisson. Celui-ci prend, la nuit même, la direction des halles de Rungis[28] à Paris.

• La pêche plus lointaine est pratiquée dans les eaux tropicales ou les eaux froides de la mer du Nord. Elle nécessite l'obtention de droits de pêche et de licences parfois coûteuses de la part de pays éloignés, comme les pays francophones d'Afrique Noire, les Seychelles dans l'océan Indien ou le Canada.

• la Bretagne est en bonne place dans la pêche thonière industrielle française et le port de Concarneau y occupe une position dominante. La pêche au thon blanc, appelé dans le langage technique 'germon'[29], a été jusqu'à présent un secteur dynamique de la pêche bretonne.

Cours du poisson à la criée

	ERQUY	ST-QUAY PORTRI.	ROS-COFF	BREST	AU-DIENNE	CONCAR-NEAU	LORIENT	RUNGIS
Tonnage débarqué		6,5 t	54 t	9 t		141 t	95 t	
Bar .... Mini		63,47					79,20	90,00
Maxi								110,00
Barbue		54,40	51,00	55,50			50,00	
			68,00	57,50				
Baudroie (lotte) grosse		26,00	25,00	28,00			22,00	
			29,00	29,00			27,40	
Baudroie (lotte) moyenne		27,20	27,00	30,00		24,00	27,20	55,00
			29,00	30,50		26,50		70,00
Baudroie (lotte) petite		28,00	22,00	20,00		24,00	22,60	
			29,50	28,50		29,05		
Cabillaud gros				11,50		11,50	11,00	
				16,60		13,50	14,70	
Cabillaud moyen				15,50		13,00	12,90	35,00
				16,60		15,30		40,00
Cabillaud petit		32,00		16,00		11,00	12,40	
				17,50		12,00		
Calmar (encornet)		29,90					31,00	
				22,50		9,00	15,40	
Sardine grosse						23,15		
						7,00	25,80	
Sardine moyenne						16,40		
						9,60	25,00	
Sardine petite						15,95		
Chien			4,30			3,50		20,00
			9,00			5,35		26,00
Congre		9,74	8,00				5,00	
			13,00				12,00	
Dorade		23,28		49,00			35,00	30,00
								38,00
Églefin (ânon)						4,35	4,40	
						8,10	8,10	
Emissole		1,46						
Empereur								
Grenadier							6,40	
Grondin		13,36	8,00	9,70			17,20	
			12,00	11,70				
Lieu jaune		24,00		13,50		12,00	25,00	32,00
				26,50		22,40	30,00	38,00
Lieu noir				5,65		4,30	4,90	14,00
				8,80		8,80	9,50	20,00

Source: *Le Télégramme de Brest*

Cependant, les pêcheurs bretons sont régulièrement en conflit avec les pêcheurs espagnols qui les accusent d'utiliser des filets illégaux pour pêcher le thon, ce qui est la source de nombreux incidents.

LES PROBLÈMES STRUCTURELS DE LA PÊCHE BRETONNE

30 'boom'

- *les années fastes[30] de l'après-guerre*

Dans les années 50, la pêche bretonne se portait bien. Les marins bretons bénéficiaient de la **liberté des mers** qui leur permettait d'aller pêcher au loin. La consommation de poisson de qualité augmentait régulièrement. Les pêcheurs investissaient dans des bateaux de plus en plus performants et même si leur nombre diminuait, les prises augmentaient, grâce à la modernisation des bateaux et des techniques de pêche. La pêche artisanale se modernisait peu à peu.

- *la mise en place de l'Europe Bleue*

Cependant, les biologistes ont été les premiers à prendre conscience du problème de la **raréfaction des ressources** en poisson pour cause de surpêche. La mer n'était plus inépuisable!

La mer

Cette prise de conscience a entraîné la mise en place d'une réglementation européenne très complexe, **l'Europe Bleue**, qui concerne entre autres les dates de pêche, les quotas appliqués à certaines espèces et le matériel de pêche qu'il est permis d'utiliser, maillage[31] des filets notamment. Cette réglementation, comme la PAC* dans le domaine agricole, offre aussi des prix garantis pour certaines espèces de poisson et des facilités d'emprunts pour la modernisation des bateaux.

31 size of netting, mesh

- *zones de pêche et conflits*

Les trente dernières années ont aussi été marquées par des conflits entre États concernant les **zones de pêche**: dans le passé, la souveraineté des États sur leurs eaux territoriales se limitait à trois milles marins; à partir de 1977, elle a été portée à 200 milles, ce qui a affecté la liberté de pêcher et a mené à des conflits avec certains pays comme le Canada, l'Islande, la Grande-Bretagne.

L'arrivée de l'Espagne dans l'Union européenne a provoqué de nouvelles inquiétudes pour les pêcheurs bretons: l'Espagne, grand pays consommateur de poisson, possède une flotille de pêche très développée et à partir de 1996, les chalutiers espagnols auront le droit de pêcher librement dans toutes les eaux européennes. De nombreux incidents entre pêcheurs bretons et espagnols sont régulièrement mentionnés dans la presse locale.

- *déclin continu du nombre de pêcheurs*

Le rôle de la pêche ne cesse de décliner dans l'économie de la Bretagne, signe d'une crise très profonde dans ce secteur.

Nombre de marins pêcheurs bretons	
1939	20 000
1962	17 000
1991	6 166

Source: Administration des affaires maritimes, 1992

L'une des raisons avancées pour ce déclin est que le métier de pêcheur professionnel est resté pénible et dangereux: les bateaux de pêche continuent à disparaître en mer comme autrefois. Cela n'explique cependant qu'en partie la désaffection des jeunes pour ce métier.

LA CRISE AIGUË DE LA PÊCHE DANS LES ANNÉES 90

Les raisons de la crise sont essentiellement économiques: depuis le début des années 90, les quantités de poisson vendues déclinent et le poisson se vend à très bas prix. Face à cette situation, les pêcheurs manifestent dans les rues, attaquent les supermarchés et les dépôts qui vendent du poisson importé, organisent des grèves...

Lors d'une manifestation dans les rues de Rennes, en février 1994, ils ont causé, par accident, l'incendie du Parlement de Bretagne, monument très cher au coeur des Bretons. Pourquoi cette colère?

> Exaspérés et à bout de nerfs, les marins-pêcheurs bretons sont devenus enragés parce qu'ils sont -rancoeur et révolte aidant- ruinés, inorganisés, marginalisés, incompris et désespérés.[...]
> Si les prix se tiennent, ce qui fut le cas entre 1982 et 1988, tout le monde gagne beaucoup d'argent.[...] Mais, plus dure est la chute lorsque les prix, sous la pression des importations, s'effondrent. Depuis six mois, de nombreuses familles, endettées jusqu'au cou, ont à peine 2000 francs par mois pour vivre. Et il est plus insupportable encore d'assister à sa propre ruine que d'être pauvre...
> (*Le Monde*, 6-7 février 1994, 'Les enragés', F. Grosrichard)

Le conflit oppose d'une part, les pêcheurs qui voient le prix du poisson diminuer, et, d'autre part, l'industrie de transformation qui voudrait du poisson à bas prix et les hypermarchés qui veulent des approvisionnements réguliers:

> Rien de tel pour un hypermarché qu'un bel étal de poissonnerie. Aujourd'hui, les grandes et moyennes surfaces assurent pratiquement 50% de la distribution de poisson frais. Et naturellement, elles gèrent ce rayon-là comme les autres. Avec des exigences de type industriel: quantités importantes, garanties à l'avance sur les approvisionnements et sur les prix.
> (*L'Expansion*, 7-20 avril 1994, 'Pêche: les quatre défauts du filet',
> R. Alexandre)

Entre ces deux groupes aux intérêts divergents, l'Union européenne qui soutient plutôt le puissant lobby des industriels, en provenance principalement des pays du nord de l'Europe (Grande-Bretagne, Allemagne, Danemark).

Elle autorise l'arrivée massive d'importations de poisson frais, congelé et salé, avec des droits d'entrée très bas, en provenance de pays tiers[32], de Russie en particulier. La part des importations de poisson dans la consommation européenne ne cesse d'augmenter; c'est ce qui explique que les prix baissent.

Les pêcheurs, eux, voudraient que l'Union européenne applique 'la préférence communautaire', autrement dit, qu'elle protège le secteur contre la concurrence de pays qui ne sont pas limités par une réglementation aussi stricte que celle de l'Europe Bleue.

Conflit complexe, dont la solution, pour l'Union européenne et le gouvernement français, consiste à offrir aux pêcheurs quelques subventions supplémentaires. Cependant, malgré ces aides, une certaine pêche bretonne artisanale est en train de mourir!

32 outside the European Union

L'AVENIR DE LA PECHE EN BRETAGNE

Face au risque de voir disparaître leur mode de vie, les pêcheurs essaient de reconquérir le marché français. Celui-ci est particulièrement favorable au poisson frais, aliment à la mode pour lequel le consommateur français est prêt à payer un bon prix. A la différence des Nordiques, les Français en effet ne sont pas de grands consommateurs de carrés de poisson pané[33] ou de filet de cabillaud[34] surgelé.

Comme la fraîcheur est pour le poisson une garantie de qualité, les pêcheurs ont commencé à indiquer l'origine du poisson sur une étiquette. La marque d'origine sert aussi à différencier le poisson sauvage du poisson élevé en aquaculture:

> Le marquage consiste à fixer une étiquette en plastique sur les ouïes[35] du poisson avant la vente sous criée. L'étiquette comportera la marque collective déposée *Pointe de Bretagne*, la mention *bar[36] de ligne[37]*, ainsi que le numéro d'identification du pêcheur, sans oublier le logo de l'association.
>
> 'Le bar de ligne qui se vendait sous criée autour de 120F le kilo en 91, entre 100F et 115F en 92, atteint aujourd'hui difficilement les 90F.'
>
> Pour répondre au dumping[38] pratiqué par les aquaculteurs grecs notamment, les ligneurs ont adopté cette stratégie de différenciation. Cet étiquetage destiné à différencier le bar de ligne du bar d'aquaculture devra bien entendu s'accompagner d'une promotion auprès de la presse spécialisée dans l'art culinaire et des restaurants haut de gamme[39]. Une plaquette[40] explicative sur la localisation géographique des productions, les conditions et le mode de capture, tirée à 10 000 exemplaires sera mise à la disposition des mareyeurs qui en assureront la distribution auprès de leur clientèle.
>
> (*Le Télégramme de Brest*, 10 décembre 1993)

33 in breadcrumbs, i.e. fishfingers
34 cod
35 gills
36 sea bass
37 fishing line
38 selling off cheaply of surplus stock
39 top of the range, high class
40 brochure

Toutefois, malgré ces mesures, aucune illusion n'est possible: l'avenir de la pêche bretonne, trop artisanale, est compromis. Les pêcheurs, qui se battent avec l'énergie du désespoir pour la survie de leur profession, l'ont bien compris. Seuls les plus organisés semblent avoir une chance de survivre dans le contexte européen actuel. Les conséquences risquent d'être lourdes pour l'équilibre démographique du littoral breton.

LES CULTURES MARINES

Les eaux côtières sont aussi exploitées par les 'éleveurs de la mer' qui pratiquent l'aquaculture, élevage de crustacés, de poissons, d'huîtres, de moules et de coquillages. Cette activité employait directement 3 500 personnes en 1991.

L'idée de cultiver des coquillages n'est pas récente: la mytiliculture (élevage des moules) se pratiquait déjà au 13ème siècle et l'ostréiculture (culture des huîtres) au 19ème siècle, sur la côte atlantique.

Ce type d'élevage, appliqué à un nombre croissant de poissons et de coquillages, a suscité depuis une vingtaine d'années, beaucoup d'espoirs en Bretagne. Les plus optimistes voyaient déjà le métier de pêcheur remplacé par celui d'éleveur.

Hélas, les résultats sont souvent décevants! Les maladies qui ravagent les élevages se répandent vite. De plus, l'aquaculture exige continuellement des eaux très pures et la pollution de l'eau pose un très grand problème pour les élevages marins. Quelles sont les sources de cette pollution?

41 grounding

• La Bretagne a subi quatre marées noires dont deux ont été particulièrement désastreuses pour l'environnement: le naufrage du *Torrey Canyon* en 1967 et l'échouage[41] de l'*Amoco Cadiz* en 1978. Lors de cette dernière catastrophe, 230.000 tonnes de pétrole brut se sont répandues sur les plages du Finistère-Nord et des Côtes-d'Armor, détruisant faune, flore et bien sûr les élevages marins de la région. Il a fallu plusieurs années pour nettoyer les plages et les rochers souillés.

• L'aquaculture souffre quotidiennement de la pollution liée aux déchets urbains, déversés dans les rivières et dans la mer.

• L'agriculture bretonne, grande consommatrice d'engrais, est responsable des taux de nitrates très élevés, notamment sur la côte nord de la Bretagne.

• Dans une certaine mesure, le tourisme balnéaire qui augmente le nombre de résidents sur les côtes pendant l'été est aussi source de pollution.

42 food poisoning

L'image de marque des coquillages n'est pas toujours très bonne dans un grand public qui craint les intoxications alimentaires[42]:

43 initially
44 agreement
45 people hunting down
46 speciality of Breton restaurants

47 clams
48 razor-shells
49 greedy
50 sorts

Faut-il avoir peur de manger des coquillages? Avec ses quinze chercheurs, la station IFREMER de Concarneau a pour mission d'alerter le préfet en cas de risque de pollution ou de contagion. Une bonne chose à savoir au préalable[43]: tout coquillage que vous achetez chez le poissonnier ne peut normalement être vendu sans l'aval[44] des chercheurs concarnois, traqueurs[45] d'algues et de bactéries néfastes à l'amateur de plateaux de fruits de mer[46].

'Naturellement, explique Guy Pliquet, il ne peut être question pour nous de contrôler un à un les 2,5 millions de colis de coquillages commercialisés chaque année, à plus forte raison, chaque moule ou chaque huître. Notre observation est fondée sur le milieu où vivent ces coquillages.'

Les risques sont essentiellement liés aux coquillages mangés crus: huîtres, palourdes[47], couteaux[48], etc. La moule est aussi dangereuse, même cuite. Goulue[49], elle avale tout ce qui se présente, alors que l'huître, plus subtile semble-t-il, trie[50] mieux les toxines.

(*Le Télégramme de Brest*, 21 août 1993)

La mer

La concurrence internationale dans le secteur des cultures marines est vive: la Norvège ou l'Ecosse en particulier, avec leurs eaux froides et claires, semblent mieux adaptées que la Bretagne à l'élevage du saumon. De ce fait, beaucoup d'exploitants bretons connaissent de sérieuses difficultés financières.

Plus que d'autres secteurs, l'aquaculture reflète les conflits d'intérêt qui opposent les vocations agricole, touristique et maritime de la Bretagne. Dans ce combat inégal, l'aquaculture est souvent négligée au profit des autres secteurs.

TRADITION ET AVENIR DE LA FILIÈRE ALGUE

Le goémonier[51], ramassant les algues dans une cariole tirée par un cheval, fait partie des images traditionnelles de la Bretagne:

51 **seaweed farmer**

goémonier traditionnel

La culture des algues appelées 'goémon' en Bretagne, est un secteur où la Bretagne assure à elle seule 15% de la production mondiale et 90% de la production française.

C'est un secteur qui connaît aussi en ce moment de graves difficultés financières en raison d'un environnennement international très concurrentiel où Japonais et Chinois sont très présents. Le prix des alginates, extraits d'algues utilisés par l'industrie, a diminué de 30% en 1993 et les usines n'arrivent pas à écouler tous leurs stocks. La récolte pourrait être limitée par des quotas l'année prochaine.

De nos jours, les algues sont utilisées dans la médecine, la diététique, la cosmétologie et la cuisine. Leur ramassage se fait maintenant de manière bien plus mécanisée par les 73 bateaux bretons affectés à cette récolte.

La recherche de nouveaux débouchés est essentielle pour la survie de ce secteur:

L'algue bretonne à la conquête du marché canadien.

A la suite d'une première rencontre avec 140 chefs du continent nord-américain, la *Société Aquacole d'Ouessant*, productrice d'algues, envisage de conquérir le marché canadien. Premières exportations dans dix jours.

Tartelettes, feuilletés[52], canapés[53] froids, sauce d'accompagnement du poisson, du poulet, des langoustines ou de filet mignon.[...] Les algues cultivées en Bretagne étaient le week-end dernier sur la table des cuistots[54] canadiens.[...] Une première porte vient là de s'entrouvrir, d'autant que les 140 chefs présents, généralement déçus par l'utilisation des produits japonais peu à leur goût, ont nettement affiché leur satisfaction.

(*Le Télégramme de Brest*, 22 mai 1993)

52 puff pastry
53 small open sandwiches
54 cooks

BREST ET LA VOCATION NAVALE DE LA BRETAGNE

La vocation navale de la Bretagne remonte au 17ème siècle lorsque Vauban, ministre de Louis XIV, reconnaît l'importance stratégique de la rade[55] de Brest, une rade profonde et bien protégée, et développe la vocation militaire de la ville. C'est cette vocation même qui causera la destruction d'une grande partie de la ville pendant la Seconde Guerre mondiale: les Alliés en effet bombardaient régulièrement la base de sous-marins installée dans la rade par les Allemands.

Aujourd'hui, Brest est la base des forces navales françaises sur la côte Atlantique. C'est au large de Brest que se trouvent aussi les sous-marins nucléaires français. Mais quel peut être le rôle de la Marine Nationale en temps de paix? Il est défini par la Marine Nationale comme suit:

55 natural harbour

- Le sauvetage en mer des personnes en détresse (4 224 personnes en 1991 sur la côte atlantique).
- L'assistance aux navires en difficulté: 1 000 navires passent au large de Brest toutes les semaines.
- La lutte contre la pollution des mers, en particulier contre la pollution volontaire par les navires.
- L'assistance et la police des pêches et la protection des ressources marines. Il s'agit de faire respecter la réglementation européenne en vigueur.
- La surveillance maritime pour assurer la sécurité de la France...

Marine Nationale et service public en Atlantique, Marine Nationale.

Sur le plan de la construction navale, c'est à l'arsenal de Brest que l'on a construit, dans le passé, les bâtiments les plus prestigieux de la Marine Nationale française. Le navire-école, la 'Jeanne-d'Arc', fut construit à Brest entre 1959 et 1961 et sert de porte-hélicoptères pour la Marine Nationale:

la Jeanne-d'Arc

On termine en ce moment à l'arsenal de Brest le nouveau porte-avions nucléaire *Charles de Gaulle*.

De par la longue relation entre la Marine Nationale et les villes de Brest et de Lorient, l'avenir naval de ces villes est assuré mais il dépend étroitement de la situation internationale. La fin de la guerre froide a entraîné des réductions dans le budget de la défense et l'emploi à Brest comme à Lorient risque d'en souffrir. La mer, source d'emplois, source de richesses, déterminera en partie l'avenir de la Bretagne. Mais la mer en Bretagne, c'est aussi et avant tout peut-être, une certaine qualité de la vie, le grand air, l'espace, l'horizon, cette qualité de la vie tant recherchée aujourd'hui!

ACTIVITÉS

1. Traduisez en anglais l'extrait de *Pêcheur d'Islande* (A peine avaient-ils... d'amants et de fils), p. 92.

2. Faites un résumé d'une centaine de mots sur les principales caractéristiques de la pêche bretonne aujourd'hui (pp. 92-4).

3. En tant que pêcheur breton, vous avez participé aux récentes manifestations et vous avez été invité à une émission télévisée publique sur la crise de la pêche bretonne. Vous connaissez à peu près les questions que pourrait vous poser le public sur les problèmes de la pêche:
   - la diminution des stocks de poisson
   - le prix du poisson (trop bas pour le pêcheur, trop haut pour le consommateur, pourquoi?)
   - les solutions possibles à la crise de la pêche
   - les manifestations de pêcheurs: la violence est-elle justifiée?

Préparez vos réponses à l'avance à l'aide des sections *Les problèmes structurels de la pêche bretonne* et *La crise aiguë de la pêche dans les années 90*.

4. Examinez les avantages et les désavantages des cultures marines par rapport à la pêche en mer. Selon vous, les cultures marines remplaceront-elles en Bretagne la pêche en mer dans un proche avenir?

5. Vous êtes officier dans la Marine Nationale à Brest et on vous a demandé de faire un exposé à des élèves d'une école voisine sur le rôle de la Marine Nationale aujourd'hui.
   Vous préparez votre exposé à l'aide de la section 'Brest et la vocation navale de la Bretagne'.

9 LA VOCATION TOURISTIQUE

> *Le bain dans la nature non civilisée, les grands souffles marins, les horizons sans limite sont l'antidote nécessaire à nos vies surmenées et bruyantes.*
> René Pleven, *L'avenir de la Bretagne*, 1961

La Bretagne possède, depuis le 19ème siècle, une vocation touristique qui n'a cessé de se développer le long du **littoral** mais aussi, depuis quelques années, en **Bretagne intérieure**.

Qu'est-ce qui attire les touristes en Bretagne?

Plusieurs enquêtes prouvent que c'est d'abord la diversité et la beauté des paysages. A l'origine, ce sont les belles plages de sable fin qui ont permis le développement d'un tourisme balnéaire. Plus récemment, la Bretagne intérieure, avec ses forêts, ses rivières, ses canaux, s'est aussi ouverte au tourisme et l'on y pratique le tourisme rural (randonnées à pied, équitation, location de bateaux...)

C'est ensuite la richesse du patrimoine culturel qui incite à visiter la Bretagne. Des mégalithes de la préhistoire (les fameux alignements de Carnac) à l'art religieux (églises, calvaires[1], enclos paroissiaux[1]), en passant par les villes anciennes et les châteaux, la Bretagne est considérée par les touristes comme une région ayant un riche passé. Le **folklore** y est très présent et des manifestations, rappelant les origines celtiques de la Bretagne, attirent chaque année des milliers de touristes.

Plus récemment, vers la fin des années 80, c'est le patrimoine maritime qui a été remis au goût du jour avec la rénovation de vieux bateaux dans de nombreuses villes, la construction d'un port-musée près de Douarnenez, et des manifestations où se rassemblent des 'vieux gréements[2]' venus du monde entier, comme lors de la fête *Brest 92*.

Bien qu'il soit difficile d'en évaluer exactement l'impact économique, le chiffre d'affaires du tourisme breton a été estimé par le *Comité régional du tourisme* à 19 milliards de francs en 1991, ce qui fait du tourisme la seconde activité économique de la région après l'agriculture:

1 sculptures depicting scenes from the crucifixion, cf p. 28

2 traditional sailing ships (*gréement* = **rigging**)

Chiffre d'affaires du tourisme en Bretagne		
	Milliards de francs	Pourcentage
Locations saisonnières	9	47.54%
Campings	4	20.69%
Hôtellerie	3	16.1%
Résidences secondaires	1.7	8.43%
Tourisme rural	0.7	3.54%
Tourisme fluvial[3]	0.4	2.02%
Tourisme associatif[4]	0.3	1.68%

Source: Comité régional du tourisme, cité dans *Repères pour la Bretagne*, cahiers du SGAR, op. cit.

[3] river and canal holidays
[4] commual holidays organised by firms

Avec l'augmentation de l'activité des commerces, restaurants, hôtels..., le tourisme crée environ 20.000 emplois, en grande partie saisonniers.

La qualité du confort dans les hôtels de la région et dans les terrains de camping s'est beaucoup accrue dans les dix dernières années. Le nombre d'hôtels trois et quatre étoiles est aujourd'hui de 32%, comparé à 21% en 1980. Parmi les touristes étrangers, en 1991, on trouvait d'abord des Britanniques (33.38%), puis des Allemands (23.14%), des Belges (13.09%) et des Italiens (11.71%).

Des infrastructures de plus en plus sophistiquées se sont mises en place pour répondre aux attentes des touristes: stations de thalassothérapie[5], terrains de golf, ports de plaisance[6], etc. Le tourisme exige de nos jours des investissements de plus en plus considérables pour attirer une clientèle de plus en plus exigeante.

[5] sea water therapy
[6] marinas

Selon les statistiques nationales, la Bretagne était, il y a quelques années, la seconde région touristique française pour les vacances d'été après la région Provence-Côte d'Azur. Cependant, le tourisme connaît, depuis la fin des années 80, une période de stagnation. Avec la popularisation des vacances à l'étranger, la concurrence se fait de plus en plus vive et la Bretagne doit maintenant lutter pour garder sa place parmi les grandes régions touristiques.

ORIGINES DU TOURISME BALNÉAIRE

Au 19ème siècle, la Bretagne fut l'une des premières régions françaises à être touchée par le tourisme des bains de mer. Qui étaient ces premiers touristes?

- Des Anglais d'abord, qui pensaient que les bains de mer étaient favorables au traitement de la tuberculose

La vocation touristique

et qui, dès 1815, commencèrent à fréquenter la côte nord, Saint-Malo et Dinard en particulier.

• Des intellectuels et artistes français ensuite, attirés par la mer, source d'inspiration. L'écrivain Gustave Flaubert et son ami Maxime Du Camp parcourent la Bretagne 'dans le but d'aller respirer à l'aise au milieu des bruyères et des genêts' (voyage raconté dans le livre *Par les champs et par les grèves*, 1847); le peintre Gauguin séjourne à Pont-Aven en 1886 et y produit certaines de ses oeuvres les plus connues.

• Après l'arrivée du chemin de fer sur la côte bretonne vers 1860, des membres de la haute bourgeoisie, d'où la construction dans de nouvelles stations balnéaires,

la mer entre la Pointe du Raz et l'île de Sein

de villas somptueuses et d'hôtels de grand standing. Dans *Jean Santeuil*, Marcel Proust, qui séjourna en Bretagne dans sa jeunesse, décrit le snobisme qui affecte la bourgeoisie parisienne à la fin du 19ème siècle, la poussant à rechercher des endroits reculés sur le littoral breton:

Mme Santeuil ayant rencontré ce jour-là les Sauvalgue, couple pour lequel elle avait toujours eu beaucoup de sympathie, les invita à dîner pour la semaine suivante. Mais ils ne pouvaient pas parce qu'ils partaient ce jour-là pour Beg-Meil[7], petite plage de Bretagne dont Mme Santeuil avait en effet entendu parler. Les Sauvalgue disaient que c'était un pays enchanteur, ils passaient plus ou moins pour l'avoir découvert et ils conseillaient à tout le monde d'y aller. Ils y avaient acheté une petite propriété. Ils en parlaient à Mme Santeuil avec exaltation, disant qu'il n'y avait pas au monde un pays pareil. Et de fait on sentait bien que le bonheur de leur vie [...] était là. M. Sauvalgue n'avait pas accepté un poste diplomatique qui ne lui aurait pas permis ses longs séjours à Beg-Meil.

[7] resort near Quimper

L'ESSOR DU TOURISME DANS LES ANNÉES VINGT

C'est surtout pendant l'entre-deux-guerres que le tourisme balnéaire prend son essor. Les premières routes touristiques destinées aux voitures font leur apparition dès 1925 le long de la côte. Des syndicats d'initiative et des stations balnéaires nouvelles s'ouvrent un peu partout en Bretagne.

Le folklore, jugé important pour attirer les touristes, est mis à la mode:

> La survivance des costumes bretons est essentielle, indispensable à la santé morale de nos compatriotes. Il faut tout faire pour conserver nos costumes nationaux, grandement menacés. Proclamez donc, Messieurs les journalistes, et répétez sans cesse dans vos colonnes, que nos Bretons et nos Bretonnes ont intérêt à conserver leurs pittoresques vêtures d'antan, que ce sont ces vêtures pittoresques qui attirent chez eux les touristes... Il s'agit d'une question de patriotisme et d'élémentaire bon goût.
>
> (*La Bretagne Touristique*, 1922, cité par Serge Duigou,
> *La Bretagne ayant dansé tout l'été*, Le Signor, 1979)

On commence à mesurer les conséquences que le tourisme pourrait avoir non seulement sur le développement économique de la région mais aussi sur la mentalité des Bretons. Il inquiète en particulier les défenseurs de 'l'ordre moral'. En 1937, l'écrivain breton André Chevrillon, dans un article intitulé 'L'atmosphère morale de la France est-elle en train de disparaître?' fait preuve de snobisme très marqué quand il décrit les touristes comme suit:

8 sloppy
9 vulgar, uncouth
10 short beach skirt
11 the latest fashion
12 common

> ...gens qui affectent des allures débraillées[8] et canailles[9] sur nos plages: hommes à la chemise sans col, femmes aux trois quarts dévêtues, pour qui le short, le slip, le paréo[10] représentent le dernier cri[11] du bon ton. De tels ferments sont les destructeurs de la bonne éducation, de la civilité puérile et honnête qui faisaient jadis la fierté des familles qu'elles fussent nobles, bourgeoises ou roturières[12].
>
> (Cité par S. Duigou, op. cit.)

Le mouvement est toutefois irréversible: à la Baule, par exemple, entre 1921 et 1929, on passe de 1 043 à 2 400 villas, de 30 à 180 hôtels. La côte sud de la Bretagne, avec son climat plus ensoleillé, se développe très vite.

La crise économique de 1929 ralentit le développement touristique mais en 1936, les premiers **congés payés** annoncent le passage d'un tourisme exclusivement bourgeois à un tourisme plus populaire[13]. Les touristes prennent parfois, pendant les mois d'été, l'allure d''envahisseurs'. Voici comment Pierre Jakez Hélias, dans *Le cheval d'orgueil*, se souvient de ces premiers touristes sur les plages du pays Bigouden:

13 here, working class

14 jeers

> Les touristes vrais ou faux, les vrais étant uniformément appelés les 'Parisiens', ont deux manies qui ne laissent pas de leur attirer des quolibets[14]. D'abord, ils aiment à se promener avec des boîtes "à tirer des portraits" qu'on appelle des kodaks. Ils sont des *kodakerien*. Ils veulent toujours vous prendre la figure quand vous êtes en train de travailler dans vos mauvais habits, ce qui n'est pas une chose à faire. [...]
>
> Ensuite, les touristes ne peuvent pas durer trois jours dans le bourg sans aller se tremper dans la mer à Penhors. Ils ne se trempent pas seulement les pieds mais tout le reste même quand ils ne savent pas nager. Ont-ils donc le cul si sale? [...]
>
> Les pêcheurs de Penhors, habillés de toile bleue rapiécée[15], la visière[16] sur les yeux, les mains dans les poches quand ils sont à terre, regardent tout ce nouveau remue-ménage[17] d'un air impénétrable.

15 patched up
16 peak of a fisherman's cap
17 hustle and bustle

La vocation touristique

Mais comme ils sont aussi paysans pour la plupart, ils ont leur moisson à faire pendant les semaines où la grève qui s'étend interminablement vers le sud, presque jusqu'au phare d'Eckmühl, commence à se peupler d'êtres humains occupés à on ne sait quoi. [...]

Peu à peu, par les dimanches d'été, on voit des familles de paysans venir s'asseoir devant la mer, d'abord sur l'herbe de la falaise, pour regarder s'ébattre[18] sous eux les vacanciers dénudés dans leur maillots à bretelle[19]. Ils finissent par descendre sur la grève à leur tour, timidement, d'abord pour se laver les pieds durcis, les hommes d'abord, les femmes derrière.

18 frolick
19 with straps

L'APOGÉE DU TOURISME BALNÉAIRE (1950-1970)

Grâce à l'élévation du niveau de vie, au nombre croissant d'automobiles et à l'augmentation du nombre de semaines de congés payés, on assiste en Bretagne pendant cette période à l'apogée du tourisme balnéaire.

A partir de 1950, les Bretons voient régulièrement arriver des milliers de touristes, des Parisiens d'abord, qui sont suivis quelques années plus tard par des touristes étrangers, allemands, belges et hollandais d'abord, puis britanniques, et plus récemment, italiens.

Pendant toute cette période, la maison secondaire au bord de la mer ou, pour le moins, les locations d'été dans une station balnéaire connue, sont le symbole de la réussite sociale. Les capacités d'accueil se multiplient pour toutes les bourses: résidences secondaires, locations, hôtels, campings, hébergements[20] pour les colonies de vacances.

20 accommodation

Cependant, à partir des années 70, face à l'ampleur du phénomène et au développement anarchique de constructions qui ruinent de nombreux sites sur le littoral, certains commencent à s'interroger sur l'avenir du tourisme. Le succès même du tourisme ne risque-t-il pas de tuer la poule aux oeufs d'or? On se rend peu à peu compte que pour préserver le tourisme, l'équilibre écologique de la région doit être respecté et que des mesures de **protection** des sites sont inévitables.

À LA RECHERCHE D'UN TOURISME PLUS ÉQUILIBRÉ

A partir des années 70, une nouvelle politique du tourisme est mise en oeuvre, fondée sur:

- une plus stricte réglementation des constructions
- la protection d'une grande partie du littoral
- la recherche d'un meilleur équilibre entre le littoral et l'intérieur.

Exemple de cette évolution des politiques et des mentalités, la restauration, prévue pour la fin de 1996, de la Pointe du Raz[21], rendue ainsi à son état sauvage:

21 spectacular site on Breton coast

Une vaste entreprise qui consiste à rendre aux lieux leur aspect originel (ou presque) dans le cadre d'une opération nationale baptisée 'grand site' et dont la première mesure sera spectaculaire: raser purement et simplement la cité commerciale, qui depuis plus de quarante ans, fait partie du folklore de la pointe. La cité sera reconstruite un kilomètre en arrière, près de Lescoff, le dernier village avant le bout du monde.

Courant septembre, un protocole d'accord[22] a été signé avec les quatorze commerçants déplacés, l'affectation des nouvelles boutiques décidée et acceptée. Quatorze, pas une de plus, car il n'est pas question d'agrandir l'espace commercial de la pointe: c'est l'une des conditions du projet. L'idée de repli a donc été admise par tous les commerçants.

Enfin presque. Parce qu'il reste une irréductible[23]: Marie Le Coz, 74 ans, dont 43 consacrés à l'exploitation du fameux *Hôtel de l'Iroise*, un peu à l'écart du site touristique. Mais l'établissement sera démoli: la commission nationale des sites a émis un avis formellement défavorable au maintien d'un hôtel à l'intérieur du site classé.

(*Le Télégramme de Brest*, 26 octobre 1993)

22 draft agreement

23 die-hard

LA BRETAGNE TONIQUE

C'est aussi à partir des années 70 que la Bretagne définit les orientations qui lui permettront de demeurer une grande région touristique. Comme l'attrait touristique principal de la Bretagne reste le littoral, la Bretagne choisit de faire des **sports nautiques** sa spécialité.

La Bretagne est, de nos jours, la première région française en matière de sports nautiques. Elle veut donner une image dynamique et tonique, mettant l'accent sur 'le hâle'[24] plutôt que le bronzage, 'l'air vivifiant et iodé[25]' plutôt que le soleil.

Parmi les principales activités nautiques, il n'est guère étonnant de trouver la voile. La réputation de nombreux navigateurs bretons, Eric Tabarly, Olivier de Kersauzon, les frères Péron..., a tracé la voie. Afin de répondre à un intérêt croissant pour ce sport chez les jeunes, les écoles de voile se développent et deviennent très recherchées. L'école des Glénan, créée en 1947, en est la plus célèbre. De plus, la Bretagne devient le point de départ de nombreuses compétitions:

24 tan from wind and sun
25 full of iodine, i.e. healthy

Que nous réserve l'année voile 94? Sans aucun doute de bonnes surprises. Une certitude, elle sera fort animée et les plans d'eau bretons seront encore le théâtre de compétitions de haut niveau.

C'est Olivier de Kersauson qui devrait ouvrir les festivités nautiques 94. Début janvier, son trimaran rebaptisé *Lyonnaise des eaux* et le catamaran de Peter Blake s'élanceront de Brest à la conquête du fameux record de *Commodore*[26].[...]

Saint-Malo fêtera en novembre le départ de la course du Rhum (Saint-Malo/ Pointe-à-Pitre[27]). Une traversée magique qui attire les plus grands skippers.[...]

Brest, qui est devenu un pôle de référence de la voile légère, accueillera pour sa part les championnats de France de voile olympique du 12 au 15 mai.[...] Quiberon offrira sa baie au championnat de France de course côtière du 7 au 10 juillet.[...]

Autre institution de l'été, le Tour de France à la voile fera bien sûr escale[28] en Bretagne...

26 sailing boat which in 1993 went around the world in less than 80 days

27 port in Guadeloupe, West Indies

28 will call (at)

(*Le Télégramme de Brest*, 3 janvier 1994)

La vocation touristique

De plus, dans les années 70, c'est à Bénodet, près de Quimper, qu'apparaît la première planche à voile, qui va révolutionner l'aspect des plages bretonnes. Tous les sports de glisse[29] se développent considérablement.

Il existe aujourd'hui en Bretagne 150 bases nautiques proposant de la voile, du surf, du kayak, de la plongée[30], du char à voile[31]..., fréquentées par 50 000 stagiaires par an:

29 gliding

30 diving

31 sand-yachting

> *Jeunesse et Marine*, une association créée en 1959, qui accueille 7000 jeunes par an sur six centres nautiques, dont quatre en Bretagne, a révélé le goût d'une vie salée à bien des individus, au point souvent de les pousser vers des carrières maritimes. Yves Lasnier, fils d'un notaire du centre de la France, ne serait sans doute pas devenu pilote du port de Lorient s'il n'était un jour passé par une base de cette école de la mer.[...] Au-delà de ses objectifs généraux de formation d'un esprit marin, la vocation est naturellement d'offrir du plaisir sur l'eau.
> (*Le Télégramme de Brest*, 5 janvier 1994)

LE TOURISME VERT, UNE CHANCE POUR L'AGRICULTURE BRETONNE

Depuis vingt ans, les autorités bretonnes ont fait de grands efforts pour étendre le tourisme à la Bretagne intérieure. Bien que l'attrait touristique principal reste la mer, le patrimoine culturel et naturel de l'arrière-pays a aussi été mis en valeur grâce à la création de **parcs régionaux** comme le *Parc naturel régional d'Armorique*.

Le tourisme vert comporte un certain nombre d'activités touristiques: randonnées en forêt, équitation, pêche à la ligne, promenades en péniche[32]... En matière d'infrastructures, on a récemment ouvert en Bretagne 2800 gîtes ruraux, 950 chambres d'hôtes[33], 50 campings à la ferme et de nombreuses fermes-auberges.

32 barge

33 Bed & Breakfast accommodation

Le tourisme vert n'est pas un phénomène nouveau. Déjà dans les année 50, les citadins qui avaient gardé de la famille en province 'revenaient au pays'. Ce type de tourisme, qui était un peu méprisé et réservé à ceux qui n'avaient pas les moyens de prendre des vacances au bord de la mer, bénéficie à partir des années 70 d'une image plus favorable.

Ce sont les agriculteurs de la région qui bénéficient de cette forme de tourisme qui leur permet de diversifier leurs sources de revenus:

> L'exemple de Marie-Thérèse et Hervé le Pape, exploitants agricoles à Rosnoën, Finistère, est caractéristique. Jusqu'en 1990, ils produisaient essentiellement de la viande bovine. La baisse des prix survient et les conduit à chercher un complément de revenu. Ils décident de se lancer dans le tourisme rural. Après deux ans de tracasseries administratives[34], ils ouvrent la *Ferme-auberge du Seillou*. Ils proposent au visiteur le gîte, le couvert et la qualité d'un accueil familial. Une salle de 60 couverts, 3 chambres d'hôtes, une salle de réunion pour séminaires: l'investissement représente 1,2 million de francs. L'exploitation continue par ailleurs à fonctionner et fournit la majorité

34 bureaucratic red tape

des produits servis. La clientèle semble suivre et malgré le surcroît de travail et le 'parcours du combattant'[35] qu'a représenté la transition, les Le Pape sont satisfaits du nouveau visage de leur ferme.

D'autres sont dans le même cas: Jean Rannou, éleveur de cerfs[36] et de bisons à Plonévez-du-Faou, s'est mis au tourisme et organise pêche et promenades autour des prés où paissent les bêtes.

(Le Télégramme de Brest, 11 août 1993)

35 lit. going round an assault
36 deer

Toutefois, il est indéniable que, malgré ces efforts, le déséquilibre entre l'*Armor** (littoral) et l'*Argoat** (Bretagne intérieure) reste encore important aujourd'hui: sur 13 millions de visiteurs qui sont passés en Bretagne en 1992, 22% seulement ont séjourné à la campagne (un tiers d'entre eux des étrangers, principalement des Anglais!).

'UN FESTIVAL VAUT UNE CATHÉDRALE'

Festival de Cornouaille à Quimper, *Festival interceltique* à Lorient: deux exemples, parmi bien d'autres, de **festivals folkloriques** qui attirent chaque année des milliers de touristes en Bretagne. Lors de ces festivals, la Bretagne renoue avec son passé: musique bretonne avec ses instruments traditionnels, comme le biniou et la bombarde[37], danses et chants traditionnels, costumes et coiffes brodés, jeux typiquement bretons, métiers artisanaux...

37 Breton bagpipes and oboes

Nostalgie du passé, alors que la vie traditionnelle tend à disparaître, ou bon calcul économique?

L'exemple de Lorient est là pour l'illustrer. Cette ville qui n'a plus guère de patrimoine architectural s'est créé sa clientèle touristique sur le *Festival interceltique*.[...]

Les festivals servent de produits d'appel[38]. Une enquête de la Chambre de Commerce de Lorient montre que le *Festival interceltique* recrute sa clientèle pour 52% hors de Bretagne et pour 12% à l'étranger. Mieux: 20% des festivaliers prolongent leur séjour par des vacances sur place.

38 are used to attract tourists

(*Ouest-France*, janvier 1988)

A une époque où le tourisme breton est de plus en plus lié à des activités culturelles et sportives, les festivals gardent tout leur attrait.

LA MISE EN VALEUR DU PATRIMOINE MARITIME

Autre exemple du succès touristique de manifestations d'un genre nouveau: en juillet 1992, Brest a accueilli la *Rencontre Internationale des Vieux gréements* qui réunissait 2 200 voiliers traditionnels venus du monde entier. Cette fête a attiré un million de visiteurs à Brest et se tiendra de nouveau à Brest en 1996.

Pour la fête *Brest 92*, 130 ports français ont reconstruit des répliques de bateaux qui rappellent leurs activités maritimes passées: *la Recouvrance*, par exemple, lancée à Brest le 14 juillet

La vocation touristique 111

1992, est une goélette[39] de guerre de 42 mètres dont l'original avait été envoyé par la France pour protéger les Antilles au 19ème siècle.

39 schooner

Une fois reconstruits, ces bateaux proposent des sorties en mer et contribuent donc au développement des activités touristiques. C'est le cas du *Dalh Mad*, construit à Landerneau:

Longtemps négligé, le patrimoine maritime retrouve enfin ses lettres de noblesse. Dans le bassin de Port-Rhu, à Douarnenez, s'est ouvert un port-musée de la marine ancienne. De nombreux artisans ont repris des activités traditionnelles liées à la mer (fabrication de filets, séchage du poisson,...). On peut y visiter d'anciens bateaux à flot, notamment un bateau-phare, et on y reconstruit en plein air, un immense clipper. Un centre de formation aux métiers de la marine traditionnelle y a ouvert ses portes et les stagiaires sont initiés à la construction navale, à la fabrication de voiles, etc.

Vieux gréements

LA BRETAGNE ET LES BRITANNIQUES

Depuis quelques années, les Britanniques sont le groupe de touristes étrangers le plus nombreux en Bretagne.

Brittany Ferries a grandement contribué à l'ouverture du tourisme breton vers la Grande-Bretagne. La compagnie vend non seulement des traversées mais aussi des circuits, des séjours en gîtes ruraux ou en campings...

Il y a quelques années, ces Britanniques auraient peut-être choisi des vacances en Cornouailles anglaise. Alors, quelle est la formule qui les attire en Bretagne? On peut la résumer ainsi:

- des vacances familiales à des prix raisonnables
- voyage en voiture mais peu de conduite après la traversée
- vacances à l'étranger et donc dépaysement[40]
- gastronomie assurée

---

40 change of scenery

A la fin des années 80, on assiste à un phénomène nouveau en Bretagne: de nombreux Britanniques y achètent des maisons secondaires (près de 2 000 pour la seule année 1989). Ce mouvement s'est considérablement ralenti depuis lors en raison de la crise économique en Grande-Bretagne.

Voici le portrait-robot de l'acheteur britannique, réalisé par *Ar Men*, d'après une enquête de la *Cellule économique de Bretagne*, dans un article intitulé *Les Anglais en Bretagne*:

Monsieur Smith, cadre de 45 ans, marié et père de famille, est propriétaire depuis 1989 d'une maison entourée de 1 400 mètres carrés de terrain d'une valeur de 200 000 francs en Bretagne intérieure. Il y passe ses vacances et la loue volontiers à des amis pour amortir[41] les frais de restauration.

41 here, to contribute towards

Monsieur Smith a d'abord exploré la moitié sud de la France, puis ses goûts ont suivi l'évolution vers un tourisme privilégiant nature et culture au détriment de l'ensoleillement.

Dans ce contexte, la Bretagne avait tout pour lui plaire: la proximité, un riche patrimoine naturel et culturel, et enfin, un parc immobilier[42] laissé vacant par le départ des ruraux vers les bourgs et les villes et peu prisé[43] de la clientèle française.

42 housing stock
43 appreciated

Extraits du même article, quelques points de vue de Britanniques installés en Bretagne:

'J'en avais marre de l'Angleterre, trop peuplée, polluée, individualiste'. Michael retrouve en Bretagne 'la Cornouailles d'il y a cinquante ans'.

'Nous recherchons les relations avec les gens du pays, il n'y a pas de raison de venir en France pour rencontrer d'autres Anglais.' (Jane et Clavin Moulder)

'C'est exotique d'habiter ici. Acheter une maison trois ou quatre fois moins cher près de cette côte formidable, c'est vraiment bien!' (Michael)

LES DÉFIS ACTUELS

Face à la popularisation des vacances à l'étranger, à l'attrait que constitue le soleil des régions méditerranéennes et même des pays plus lointains, le défi pour la Bretagne est de garder sa place parmi les régions touristiques de première importance.

La vocation touristique

En Bretagne comme ailleurs, le tourisme a beaucoup évolué en vingt ans. Dans les endroits touristiques les plus recherchés, en particulier sur la côte sud, on a vu apparaître des immeubles à balcon, des complexes touristiques intégrant logement et loisirs (golf, thalassothérapie, sports nautiques...).

Quels sont les défis que pose à la Bretagne le développement touristique?

> • Le tourisme purement balnéaire est de toute évidence très menacé: le touriste qui vient en Bretagne pour bronzer et se baigner risque d'être déçu car le climat ne se prête pas toujours à ce type de tourisme.
>
> • Les investissements touristiques coûtent de plus en plus cher et dépendent de la situation économique. Les stations de thalassothérapie ont beaucoup souffert récemment du ralentissement de l'économie.
>
> • Les équipements demandent à être utilisés tout le long de l'année. Or, la tendance générale en matière de vacances est à la multiplication mais au raccourcissement des séjours touristiques dans un même endroit. Les vacances d'été scolaires sont non seulement plus courtes qu'auparavant (six semaines en juillet-août), elles commencent aussi de plus en plus tard en juillet.

Le bilan touristique plutôt décevant de juillet 1993 résume les problèmes rencontrés par le tourisme breton:

Le ciel fait grise mine. L'économie affiche profil bas. Le vacancier boude[44]. Bref, l'été 93 n'entrera sans doute pas dans les annales du tourisme breton...'Il faudra bien qu'un jour prochain nos ministres prennent en compte la nécessité de modifier le calendrier scolaire'. Délibérément véhément, Yvon Bonnot, le député-maire de Perros-Guirec et président du *Comité régional du tourisme*, constate les dégâts.[...] L'arrivée de plus en plus tardive des 'juilletistes'[45] en Bretagne justifie la protestation. Lucide cependant, Yvon Bonnot aperçoit aussi d'autres raisons à l'actuel ralentissement touristique. 'Beaucoup plus que le climat incertain de cet été, je crois que la situation économique générale, l'inquiétude de nos clientèles française et européenne font courir un sentiment d'insécurité incitant à l'attentisme[46].[...] Alors que, dans l'ensemble, la durée des séjours diminue, de très nombreux Français et Anglais manquent cette année à l'appel[47].[...] Le tableau général est peu engageant; ne nous laissons pas gagner pourtant par le catastrophisme ambiant'. Sa conviction le porte à croire qu'en redoublant de professionnalisme, pour élever le niveau de l'accueil et de l'animation, le tourisme breton préservera ses chances et sa place dans la concurrence renforcée des régions.

(*Le Télégramme de Brest*, 29 juillet 1993)

44 here 'stays away' (lit. 'sulks')

45 July holiday makers

46 wait-and-see attitude

47 are absent this year

L'AVENIR DU TOURISME BRETON

L'avenir du tourisme en Bretagne dépend donc, selon Yves Bonnot, de sa capacité à s'adapter et à se professionnaliser. Concrètement, qu'est-ce que cela signifie?

48 to target	Pour les professionnels du tourisme, il s'agit de cibler[48] davantage leur clientèle et d'essayer d'attirer en Bretagne des touristes qui recherchent la mer, la campagne **et** des activités culturelles et sportives. La formule 'bronzer idiot'[49] ne peut convenir à la Bretagne. D'ailleurs, le succès d'Océanopolis, le musée de la mer à Brest, du port-Rhu, le port musée de Douarnenez, ou encore du musée des abeilles vivantes au Faouët (Morbihan), semble témoigner de ce besoin touristique haut de gamme:
49 lazy beach holidays	

> L'*abeille vivante* du Faouët, une originale animation rurale sur les mystères du miel, a remporté le challenge *Tourisme Vert*. Ce trophée, décerné jeudi à Clermont-Ferrand lors des journées nationales *Tourisme et Agriculture*, a pour but de récompenser les initiatives en faveur du tourisme de qualité.

50 prize-winner	L'apiculteur morbihannais José Nadan, récemment primé[50] au niveau départemental, l'a emporté devant 376 candidats.
51 with glass panels	Sa réalisation est, il est vrai, remarquable: expositions, ruches vitrées[51], histoire de l'apiculture, audiovisuel en plusieurs langues, dégustation de produits de la ruche... font de sa ferme de Kercadoret un étonnant pôle d'attraction touristique au cœur de la Bretagne.

(*Le Télégramme de Brest*, 24 octobre 1993)

De nombreux touristes étrangers veulent pouvoir réserver, dans leur pays d'origine, par l'intermédiaire d'une agence de voyages, le transport, l'hébergement, les activités sportives et culturelles. Cette formule, que *Brittany Ferries* offre aux automobilistes britanniques par exemple, n'est pas encore très répandue aujourd'hui en Bretagne.

	Il ne suffit plus, comme par le passé de faire face à la demande des touristes, mais de créer cette demande. C'est dans cette optique que l'on a développé des campagnes publicitaires pour promouvoir auprès des tours-opérateurs et du grand public une image 'Bretagne' qui met en valeur le tourisme côtier ainsi que le tourisme vert: la campagne 1993 avait pour slogan 'Bretagne
52 brochures	Nouvelle Vague' et offrait de nombreuses plaquettes[52] et catalogues.

Les renseignements utiles aux touristes se trouvent sur le minitel (3615 Bretagne). Il existe aussi à Paris une 'Maison de la Bretagne' qui fournit de nombreux renseignements touristiques. C'est même en grande partie pour des raisons touristiques que le département des Côtes-du-Nord, conscient que son nom évoquait dans l'esprit des touristes une image de côtes venteuses et froides, a changé de nom et est devenu, en 1990, les Côtes-d'Armor!

	L'époque où l'on subissait, avec méfiance ou envie, une vague
53 August holiday makers	envahissante d'aoûtiens[53], est plus ou moins terminée. Les Bretons eux-mêmes sont devenus touristes et le tourisme est maintenant
54 in its own right	considéré comme une activité économique à part entière[54]. C'est pourquoi la stagnation du tourisme breton dans les années 90 est inquiétante et montre qu'il faudra à l'avenir redoubler d'efforts pour attirer les touristes intéressés par ce qu'offre la Bretagne.

La Bretagne n'est pas l'Espagne: le soleil n'y est pas chaque jour au rendez-vous; elle a d'autres atouts qu'il s'agit de faire

La vocation touristique

connaître à des touristes de plus en plus exigeants et à la recherche d'expériences nouvelles.

Et les 'grands souffles marins' dont parlait René Pleven en 1961, semblent plus que jamais essentiels à la vie moderne!

ACTIVITÉS

1. Traduisez en anglais l'extrait du *Cheval d'orgueil* (Les touristes vrais... les femmes derrière), pp. 106-7.

2. Faites un résumé d'une centaine de mots sur les différents types de tourisme qu'a connus la Bretagne depuis 1945 (pp. 107-8).

3. Lisez attentivement la section sur le tourisme vert (p. 109) et faites une liste des avantages et des inconvénients de cette forme de tourisme pour les agriculteurs concernés.

4. Faites une liste des raisons pour lesquelles la Bretagne a choisi de développer son image 'tonique' en matière touristique?

5. Votre entreprise doit produire la brochure touristique de la Région Bretagne pour la prochaine saison. On vous demande de faire une enquête, à l'aide d'un questionnaire, sur les raisons pour lesquelles les Français veulent passer leurs vacances en Bretagne. Vous préparez un questionnaire à choix multiple d'une page environ.

10 DÉSENCLAVEMENT

Coincée entre la mer et la terre, la France penche vers cette dernière.
Fernand Braudel, *L'identité de la France*,
(Arthaud/Flammarion, 1986)

Le développement économique et le développement des transports (avec ses quatre voies, mer, air, rail, route) ont depuis toujours été très fortement liés.

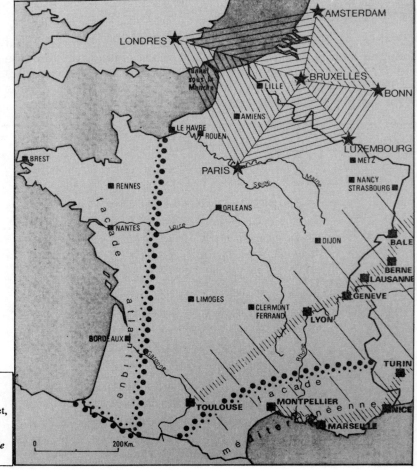

l'Europolygone des capitales
Source: J-F. Drevet, *1992-2000, Les régions françaises entre l'Europe et le déclin*, 1988

Désenclavement

Ce lien est peut-être encore plus important dans un pays comme la France, l'un des pays les plus étendus d'Europe, et dans une région comme la Bretagne, péninsule située à la 'fin de la terre', à la périphérie des régions les plus riches et les plus industrialisées de France et d'Europe. En effet,'l'Europolygone des capitales', composé des six capitales européennes, Londres, La Haye, Bonn, Luxembourg, Paris, avec Bruxelles au centre, représente à lui seul 20% de la population européenne et 25% du PIB[1] européen.

La Bretagne, 'région périphérique de la façade atlantique', fait partie de ces régions maritimes qui ont connu leur période la plus glorieuse à l'époque des explorations vers le Nouveau Monde. Sa prospérité économique a été traditionnellement liée au commerce maritime.

C'est cette tradition maritime que la compagnie *Brittany Ferries* essaie d'imiter lorsqu'elle entreprend, en 1973, sa première liaison maritime entre Roscoff et Plymouth:

1 *Produit Intérieur Brut* = Gross Domestic Product

L'objectif de départ était simple: il s'agissait de transporter les légumes bretons en Grande-Bretagne. Vingt ans plus tard, *Brittany Ferries* est devenue une compagnie maritime bien établie: le succès de la ligne entre Roscoff et Plymouth a conduit à l'ouverture en Bretagne d'une autre ligne (Saint-Malo/Portsmouth) et à partir de 1986, *Brittany Ferries* s'est implantée en Basse-Normandie (ligne Caen-Portsmouth et Cherbourg-Poole).

Le grand problème pour les régions de la façade atlantique, c'est que la mer ne joue plus actuellement le rôle important qui était le sien dans les siècles derniers. La construction des bateaux de la marine marchande et le commerce maritime lui-même sont de plus en plus assurés par des pays non-européens à main d'oeuvre moins chère. La profession de marin, activité traditionnelle bretonne par excellence, est en déclin.

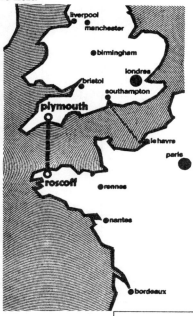

La première ligne de *Brittany Ferries*, Roscoff-Plymouth

L'Europe est un bloc essentiellement continental et ses échanges s'effectuent principalement par la route ou par le rail. En France, dès le 19ème siècle, le développement des chemins de fer a suivi un modèle très centralisé: aujourd'hui encore, presque tous les chemins mènent... à Paris, centre d'un système en étoile. Avec l'arrivée de l'automobile et le développement du réseau[2] routier puis autoroutier, ce même modèle a de nouveau été adopté. Dès 1953, le CELIB* comprend que développement et 'désenclavement'[3] de la Bretagne sont liés et depuis cette date, beaucoup de progrès ont été faits. On peut dire aujourd'hui que le désenclavement de la Bretagne, tant en matière routière que ferroviaire, est indéniable, du moins en ce qui

2 network

3 opening up, unlocking

concerne le littoral breton. Le désenclavement a permis tout d'abord de rapprocher la Bretagne de Paris, puis des marchés européens.

Avec l'arrivée de l'Espagne et du Portugal dans l'Union européenne, il est devenu nécessaire de faciliter les échanges entre le nord et le sud de l'Europe.

> Pour transporter des marchandises d'Espagne en Grande-Bretagne, il est préférable d'essayer d'éviter les encombrements de la région parisienne:
>
> • Première possibilité: la mer. *Brittany Ferries* a été la première compagnie maritime à ouvrir une ligne reliant directement Plymouth et Santander sur la côte nord de l'Espagne.
>
> • Seconde possibilité: la route. Une autoroute reliant Le Havre, Caen, Rennes, Nantes, Bordeaux ('autoroute des Estuaires') est en projet actuellement.
>
>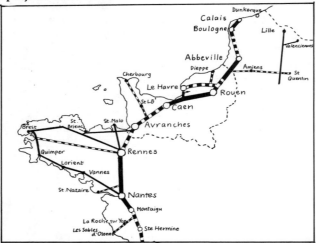
>
> • Troisième possibilité: le rail. Un 'TGV des Estuaires' suivant le même parcours est en projet.

'Autoroute des Estuaires' (Le Havre-Caen-Fougères-Rennes-Nantes).
Source: *Ouest-France*, 20.5.93

La Bretagne devrait donc retrouver en partie, en cette fin de siècle, son rôle traditionnel de carrefour entre l'Espagne et le Royaume-Uni.

'IL FAUT DÉSENCLAVER LA BRETAGNE'

4 to find outlets for

Au début de la révolution agricole des années 60, l'éloignement et la faiblesse des moyens de transport ne permettent pas d'écouler[4] les produits agricoles à des prix concurrentiels. Les agriculteurs en sont conscients: l'une de leurs premières demandes concerne l'obtention de tarifs SNCF préférentiels pour les produits agricoles bretons. Ils les obtiennent d'ailleurs en 1962, à la suite de grandes bagarres et manifestations que l'on a appelées 'la Bataille du Rail'.

Le slogan 'il faut désenclaver la Bretagne', répété inlassablement par le CELIB, sera finalement entendu et reconnu

Désenclavement

solennellement par le général de Gaulle dans son discours historique de Quimper, le 2 février 1969. Il confirme les principaux axes de développement, décidés par le gouvernement français:

> ... Sa vie nouvelle, [notre pays] veut notamment la vivre en Bretagne. Assurément, parmi les parties très diverses dont il se compose, celle-ci n'a jamais laissé, ne laisse pas, ne laissera pas, d'avoir son caractère propre. Péninsule de notre hexagone, naturellement éloignée du centre [...], l'Armorique n'en fait pas moins, depuis toujours, partie intégrante du corps et de l'âme de la France.[...]
> Voici que les décisions sont prises pour que le Finistère soit rendu accessible aux pétroliers de 250 000 tonnes; pour que Roscoff soit aménagé comme port modèle des primeurs; pour que deux routes à quatre voies pénètrent la Péninsule jusqu'à Brest, son extrémité, l'une au nord par Rennes, Saint-Brieuc, Morlaix, l'autre au sud par Nantes, Vannes, Lorient, Quimper; pour qu'une route à trois voies lui serve d'axe central, par Loudéac et Carhaix. Voici qu'en vertu de son incomparable situation atlantique, la Bretagne devient la base principale de notre puissance navale rénovée.

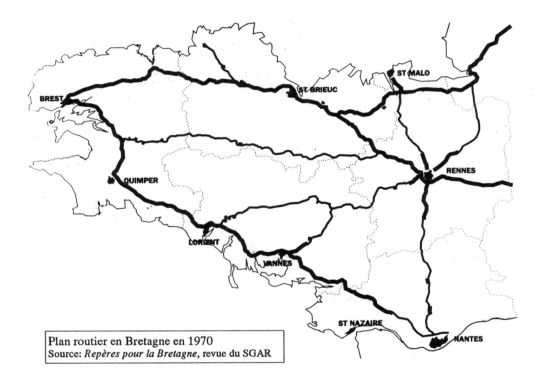

Plan routier en Bretagne en 1970
Source: *Repères pour la Bretagne*, revue du SGAR

LES TRANSPORTS MARITIMES

Paradoxalement, pour une région maritime qui possède des centaines de petits ports et qui est située sur la voie maritime la plus active du monde, la Bretagne n'a pas de grand port de commerce moderne qui puisse concurrencer Le Havre en Normandie, Anvers en Belgique ou Rotterdam en Hollande. Les activités commerciales y sont donc assez réduites.

Brest, avec sa rade en eau profonde[5], est le port français le plus proche du continent américain. Et pourtant, ce n'est qu'un port de commerce de moyenne importance. En raison du rôle militaire primordial de Brest, les investissements en matière commerciale n'y ont pas été encouragés et se sont portés sur le port du Havre en Normandie. Lorient, base militaire et deuxième port de pêche français, possède aussi un port de commerce de taille modeste.

En raison de la vocation agricole de la Bretagne, les ports de Brest et de Lorient se sont spécialisés dans l'exportation de produits agro-alimentaires (poulets congelés notamment) et dans l'importation d'aliments pour le bétail.

Bien que de taille moyenne, ces deux ports jouent toutefois un rôle vital pour l'agriculture bretonne:

> 'Nous faisons partie de la filière[6] agricole', revendique Michel Gourtay, secrétaire général de la Chambre de Commerce de Brest. 'Si les ports bretons disparaissent un jour, ceux du nord sauraient les remplacer. Mais, sans concurrence, ils seraient maîtres des tarifs d'approvisionnement de la Bretagne, en lui redistribuant leurs grosses cargaisons par camion ou par caboteur[7].'
> Concurrents des Bretons, les éleveurs hollandais ou danois qui seraient plus proches des grands ports bénéficieraient ainsi de tarifs plus avantageux. Or l'alimentation entre pour 70% dans le prix de revient du porc, et il suffit parfois de quelques centimes de différence au kilo pour perdre sa compétitivité.
>
> (*Ouest-France*, 27-28 novembre 1993, 'Les ports de l'Ouest face à l'avenir')

Dans les vingt dernières années, la création nouvelle la plus spectaculaire dans le domaine maritime a été la construction d'un port en eau profonde à Roscoff pour le trafic des marchandises d'abord, des passagers ensuite, avec la Grande-Bretagne et l'Irlande.

LA GRANDE AVENTURE DE BRITTANY FERRIES

En 1973, le *Kerisnel* quitte Roscoff en direction de Plymouth avec une cargaison de choux-fleurs. C'est le début de l'aventure pour la *BAI* (Bretagne-Angleterre-Irlande), devenue *Brittany Ferries*.

Le scepticisme est général, quant aux chances de réussite de cette entreprise, dirigée par un groupe d'agriculteurs de la région de Roscoff. Dans le livre publié lors du vingtième anniversaire de la société, *Brittany Ferries Story, 1973-1993*, un journaliste traite avec humour l'annonce de la décision de former la compagnie:

— «Allô? Dites-moi, cher ami, on me dit rue de Rivoli[8] que des Bretons se sont mis en tête de créer une compagnie maritime. C'est un gag[9] ou quoi?»
— «On dirait[10]». Le ministre s'esclaffe. «Des planteurs de choux-fleurs qui se voient armateurs!»

---

5 deep water anchorage
6 sector
7 coaster
8 former site of the ministry of Finance in Paris
9 joke
10 it looks like it

Désenclavement

– «Ils sont fous ces Bretons. Mais pour qui ils se prennent, ces agriculteurs?»
– «J'ai téléphoné aux principales compagnies maritimes. Leurs études de marché sont formelles: ces Bretons se plantent[11] complètement. Je le répète, en janvier 1973, il n'y a rien à faire sur la Manche.»
– «Et vous ne connaissez pas la dernière? En plus des choux-fleurs, ils veulent transporter des passagers!»
– «C'est la meilleure! entre les caisses d'artichauts peut-être?» [...]
«Arrête, je vais mourir de rire! Et comment il s'appelle, le cinglé[12] qui a lancé ça?»
– «Gourvennec Alexis, fils de paysans, paysan lui-même et fier de l'être, à ce qu'il paraît. Impayable[13], non? Pas de fortune, pas de diplôme, pas de profil de carrière... Un Breton, quoi.»
– 'Oh, tu sais, ces gens simples qui s'imaginent, parce qu'ils ont la foi, qu'ils vont déplacer les montagnes.'

11 they've got it wrong

12 crackpot

13 incredible, priceless!

BRITTANY FERRIES EN 1993

- **Statut:** société d'économie mixte appartenant à la Région Bretagne, la Chambre de Commerce de Morlaix, la SICA de Saint-Pol-de-Léon et au Crédit Agricole.
- **Chiffre d'affaires:** 1.83 milliard de francs
- **Flotte:** 9 navires
- **Traffic passager:** 2 800 000
- **Véhicules de tourisme:** 746 000
- **Véhicules fret:** 177 000
- **Lignes:**   Roscoff – Plymouth
             Roscoff – Cork
             Plymouth – Santander
             Saint-Malo – Portsmouth
             Saint-Malo – Poole
             Saint-Malo – Cork
             Cherbourg – Poole
             Caen (Ouistreham) – Portsmouth
- **Impact économique sur le reste de la Bretagne:** 1 milliard de francs

(*Brittany Ferries Story*, 1973 -1993)

Dans cette même publication, Alexis Gourvennec, le 'paysan-directeur général' de *Brittany Ferries*, donne quelques raisons qui expliquent le succès de l'entreprise:

Quand la Grande-Bretagne est entrée dans le Marché Commun en 1973, 150.000 camions traversaient la Manche chaque année. Aujourd'hui, Brittany Ferries-Truckline, à elle seule, en transporte 160 000. La Manche, aujourd'hui, c'est un marché d'un million de camions. 700% d'augmentation par rapport à notre point de départ! Cela explique notre réussite.
    La seconde explication est d'ordre géographique. Nous affirmions dès 1973 qu'on traverse la Manche en fonction de l'endroit où l'on est et de l'endroit où l'on veut aller. Les spécialistes du transmanche à l'époque disaient le contraire. Ils estimaient qu'il n'y avait de marché que sur le Détroit[14] parce qu'on veut passer le moins de temps possible

14 i.e. Straits of Dover

sur le bateau. J'affirme – et cette analyse vaut également pour le tunnel – qu'on n'est pas fatalement pressé quand on traverse la Manche. Car si on a déjà fait 400 ou 500 kilomètres en voiture, pourquoi traverser la Manche en vingt minutes, arriver de l'autre côté et prendre une chambre à l'hôtel? Le camionneur qui a roulé pendant des heures n'est pas pressé lui non plus.

De nos jours, malgré la concurrence que le tunnel sous la Manche ne manquera pas d'exercer, en particulier sur le fret, *Brittany Ferries* conserve toujours un bel optimisme. Avec ses nouveaux navires luxueux comme le *Bretagne* et le *Val de Loire*, sa gastronomie, ses cabines de luxe, ses peintures originales, ses cinémas, *Brittany Ferries* veut créer à bord de ses navires une atmosphère de croisière. Les passagers sont à une écrasante majorité d'origine britannique et en 1993, pour la quatrième fois consécutive, le journal *The Observer* a donné à Brittany Ferries le prix de la meilleure compagnie de ferries.

LE PLAN ROUTIER BRETON

Malgré les crises du pétrole des années 70, la route domine aujourd'hui tous les autres moyens de transport en matière de marchandises, ayant acquis des parts de marché réservées auparavant au chemin de fer, au transport maritime et au transport fluvial.

La Bretagne possède un réseau routier qui fait l'envie d'autres régions françaises moins favorisées: au 1er janvier 1991, il y avait en Bretagne 832 kilomètres de routes à quatre voies. De plus, fait important à signaler, toutes ces voies express[15] sont sans péage[16]. Elles sont financées par l'Etat et la Région, à la différence d'autres autoroutes françaises, financées par des sociétés privées.

Ce financement explique en partie pourquoi le plan routier breton, annoncé en 1968, s'est réalisé lentement, retardé par l'allocation des budgets. Des changements dans les mesures de sécurité expliquent aussi le retard pris par le plan: les simples carrefours prévus à l'origine aux sorties des voies express se sont transformés en échangeurs[17] semblables à ceux des autoroutes.

En 1994, le réseau à quatre voies, achevé ou en cours d'achèvement, comprend les voies express Rennes-Brest, Nantes-Quimper-Brest, Saint-Brieuc-Dinan-Pontorson, Rennes-Loudéac-Carhaix, Saint-Malo-Rennes-Nantes. Rennes et Nantes sont enfin reliées par des voies express!

Le désenclavement a surtout profité au littoral breton. Pour améliorer les liaisons routières en Bretagne intérieure, il existe en outre un plan routier régional qui améliore les routes reliant les villes principales. A l'avenir, les habitants du centre de la Bretagne voudraient cependant voir la construction d'un grand axe routier Rennes-Chateaulin qui permettrait de

---

15 dual carriage ways
16 toll

17 motorway exits

Désenclavement

désenclaver le centre de la région, partie de la Bretagne la plus menacée par la désertification rurale et le manque d'industries.

L'ÉVOLUTION DU RÉSEAU FERROVIAIRE

En 1960, Brest était à sept heures et demie de Paris en train. Depuis 1989, le TGV Atlantique (Paris-Brest) place Brest à environ quatre heures de Paris même si en Bretagne, le TGV ne roule toujours pas à grande vitesse (150 km/heure au lieu de 300). Paris-Rennes se fait maintenant en deux heures!

Outre Paris-Rennes-Brest, il existe aussi une ligne TGV Paris-Rennes-Lorient, avec en projet Lorient-Quimper.

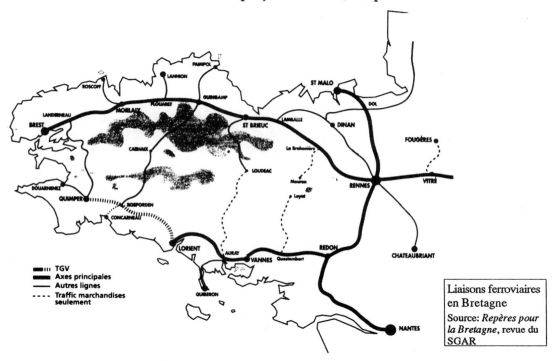

Liaisons ferroviaires en Bretagne
Source: *Repères pour la Bretagne*, revue du SGAR

Pourtant, le TGV, accueilli avec joie par les villes bretonnes desservies[18], ne plaît pas à tout le monde:

18 linked (by it)

'Le TGV profite surtout à Paris'
«C'est la région parisienne qui sera le principal bénéficiaire des liaisons TGV» estiment les élus nantais de l'Union Démocratique Bretonne (UDB*), Patrick Pellan et Michel François. Ils s'interrogent sur «les conséquences de la priorité une nouvelle fois donnée aux liaisons avec Paris.»
(*Ouest-France*, 25 septembre 1989)

Pour des raisons de temps, le TGV ne s'arrête pas dans les gares moyennes, ce qui provoque le mécontentement des villes oubliées. Le TGV accentue-t-il donc encore plus les déséquilibres régionaux ? Certains le croient:

Le TGV contre le développement régional

Mobilisée par ses investissements lourds pour le TGV, la SNCF abandonne une partie de ses autres missions de service public.[...] Ainsi la SNCF ne garde que son réseau le plus rentable, sauf si les régions et les communes acceptent de payer le déficit des lignes et trains secondaires. Les Bretons, en tant que contribuables[19], auront participé au financement du TGV, mais ils ne bénéficieront pas en retour du service public SNCF.

(*Le Peuple Breton*, novembre 1989)

Avec ses grands axes hérités du 19ème siècle et renforcés par l'arrivée du TGV, le réseau ferroviaire breton reste donc principalement centré sur Paris. Paradoxalement, au 19ème siècle, l'arrivée du chemin de fer en Bretagne avait accentué l'exode rural: le train permettait aux ruraux bretons de quitter plus rapidement la région! Assisterons-nous au même phénomène avec l'arrivée du TGV en Bretagne?

LE TRANSPORT AÉRIEN

Etant donné l'éloignement de la Bretagne, le développement du transport aérien breton a été encouragé par des investissements publics et privés. Il y a quelques années, on appelait la Bretagne 'l'enfant chéri d'Air Inter[20]'.

20 internal French airline

Le développement des aéroports s'est toutefois fait de manière plutôt anarchique, en raison de la concurrence entre les grandes villes bretonnes. Chacune voulait son aéroport: il y a donc neuf aéroports en Bretagne mais pas de grand aéroport international. L'aéroport à capacité internationale le plus proche se trouve à Nantes.

La rentabilité de certains de ces aéroports est très précaire et sera affectée à l'avenir par:

- l'arrivée du TGV
- la crise financière actuelle qui frappe directement Air France et indirectement Air Inter et qui remet en question les lignes peu rentables

L'aéroport de Brest est peut-être le mieux placé pour faire face à ces menaces. Pour le moment, il n'en est encore qu'à ses débuts:

Inauguré le 8 avril, l'aéroport de Brest devient international.

C'est sous un soleil radieux et en fanfare locale que le premier gros porteur a atterri sur le nouvel aéroport international de Brest-Guipavas, le 8 avril 1992. [...] L'aéroport de Brest entre ainsi dans le groupe des six plate-formes françaises les mieux équipées, rejoignant Bordeaux sur la façade atlantique. [...]

[En Bretagne], Brest reste leader avec 42% du trafic régional (devant Lorient et Rennes) mais doit subir la concurrence de Nantes, Bordeaux et même Paris en ce qui concerne les vols internationaux.

Désenclavement

Côté ferroviaire, Jacques Kuhn estime que Brest, qui reste à quatre heures de TGV de Paris, ne subit que faiblement cette concurrence contrairement à des destinations comme Rennes et Nantes.

(*L'Echo Touristique*, 17 avril 1992)

PERSPECTIVES D'AVENIR

Faut-il être satisfait du désenclavement des trente dernières années?

- Certains s'interrogent sur l'intégration de la Basse-Bretagne* au développement économique européen et craignent une accentuation des disparités entre l'est et l'ouest de la Bretagne. Rennes, plus proche que jamais de Paris grâce au TGV, connaît de plus en plus un développement économique semblable à celui de Paris et certains Rennais vont tous les jours travailler à Paris.

  Ce qui fait la richesse, de nos jours, c'est la proximité des marchés et des approvisionnements et l'est de la Bretagne est progressivement 'aspiré'[21] par la région parisienne.

  Selon J.Y. Cozan, 'plus on désenclave, plus on aspire'.

- D'autres voient dans la position maritime et géographique de l'ouest de la Bretagne, la source du développement de demain. En effet, Brest n'est pas plus éloigné de New York que New-York de Los Angeles!

L'avenir, probablement, est outre-Atlantique, vers cet énorme marché nord-américain foisonnant[22] d'inventions, de créations, de défis. La Bretagne doit être un trait d'union entre l'Europe et l'Amérique, comme elle avait su au 16ème siècle faire la liaison entre l'Angleterre et l'Espagne.

(*Bretagne: A l'ouest du nouveau*, B. Cousin, op. cit.)

21 to be absorbed into

22 teeming

En cette fin de siècle, l'économie bretonne s'ouvre non seulement à l'Europe mais au reste du monde. Face à cette internationalisation, comment peut-on vraiment définir où se trouve désormais le centre du monde?

ACTIVITÉS

1. Traduisez en anglais la conversation humoristique entre les deux ministres au sujet de Brittany Ferries (Allô? dites-moi... déplacer les montagnes), pp. 120-1

2. Vous travaillez pour une nouvelle société implantée sur la côte sud de l'Irlande qui importe des fruits et légumes portugais.
    On vous demande de faire un rapport sur les possibilités de transports qui existent entre les deux pays, étant donné que vous voulez éviter le trafic de la région parisienne.

3. Faites un résumé d'une centaine de mots sur les forces et les faiblesses de la Bretagne en matière de transport aérien (p. 124).

4. Les villes du centre de la Bretagne (Carhaix, Pontivy...) se sentent marginalisées en matière de transports. Elles voudraient voir la construction d'une voie express Rennes-Chateaulin et d'un grand aéroport international à Chateaulin.
    Elles demandent à votre entreprise de préparer une pétition faisant appel aux signatures de la population locale. Vous rédigez cette pétition qui explique pourquoi les villes sont obligées d'utiliser ce moyen de pression.

5. Selon J-Y. Cozan, 'plus on désenclave, plus on aspire'. Comment comprenez-vous ce point de vue? Est-ce que le point de vue d'un habitant de Rennes serait le même que celui d'un habitant de Brest à ce sujet?

CONCLUSION

Quel avenir peut-on envisager pour la Bretagne? A la suite des transformations profondes qui l'ont affectée depuis une trentaine d'années, tant au niveau culturel qu'économique, la Bretagne est sortie de l'isolement dans lequel elle s'était enfermée au 19ème siècle. A l'horizon de l'an 2000[1], quelques tendances, inquiétantes ou encourageantes, se dessinent:

[1] as the year 2000 looms up

- *une Bretagne à deux vitesses?*

L'avenir économique de la Basse-Bretagne*, éloignée du centre de l'Europe, donne lieu à quelques inquiétudes. C'est dans cette partie de la Bretagne qu'est né le refus de quitter le pays, refus qui a permis le développement du mouvement coopératif breton, des marchés au cadran pour les légumes, des industries agro-alimentaires, etc. C'est de là aussi que sont parties les grandes manifestations paysannes, les revendications culturelles musclées, les luttes pour le désenclavement.

Or, c'est en Basse-Bretagne que de nos jours, la crise de la pêche, la baisse des crédits de défense, la diminution du nombre d'exploitations agricoles, l'éloignement géographique, risquent d'avoir le plus d'impact sur la vitalité économique. Certains rapports alarmistes envisagent même que le Finistère deviendra à l'avenir un département sans autre activité majeure que le tourisme. Une situation inquiétante quand on prend en compte le fait que la saison touristique dure au mieux trois mois de l'année!

L'évolution démographique bretonne accentue le sentiment d'inquiétude: bien que le solde migratoire breton (c'est-à-dire la différence entre immigration et émigration) demeure positif, ce sont les jeunes les plus qualifiés qui quittent la région pour chercher ailleurs un travail mieux adapté à leur formation alors que les retraités rentrent au pays. La Bretagne est globalement une région qui vieillit.

Plus à l'est, en Haute-Bretagne*, le dynamisme de la région parisienne attire dans son orbite la ville de Rennes et sa région, maintenant à deux heures de Paris en TGV. Le développement de la Haute-Bretagne risque donc d'être de plus en plus lié à des forces extérieures à la Bretagne.

Sans volonté politique forte pour remédier à cette situation, une 'Bretagne à deux vitesses' est à craindre dans un proche avenir.

• *une région qui sait se battre*

La Bretagne a pourtant de bonnes cartes en main. Sa forte identité, en créant un désir de vivre et travailler dans la région, est à la source du dynamisme économique. Elle ne freine toutefois pas l'ouverture des esprits, comme le montre la sensibilité européenne exprimée lors du référendum sur le traité de Maastricht: malgré les bouleversements entraînés par la politique agricole européenne ou l'Europe Bleue, la Bretagne a su, jusqu'à aujourd'hui, soit s'accommoder des décisions prises au niveau européen, soit se battre pour imposer des changements plus bénéfiques pour la région. Le fatalisme du passé a bel et bien disparu!

La force principale de la Bretagne réside dans la qualité de sa population. Selon un questionnaire de *Bretagne Economique* (juillet-août 1993), envoyé à des jeunes chefs d'entreprises, les Bretons ont la réputation d'être travailleurs, honnêtes, fiables, attachés à leur région, et... revendicatifs[2]!

2 quick to protest

• *une région où il fait bon vivre*

Comparée à d'autres régions françaises, la Bretagne offre à ses habitants une qualité de vie très appréciée, liée aux facteurs suivants:

❏ la proximité de la mer et de la campagne

❏ le développement de villes moyennes qui permet d'éviter certains problèmes des grandes villes (encombrements, pollution de l'air)

❏ un taux de criminalité presque deux fois moins élevé que la moyenne nationale (en 1991[3], taux de 36.9 pour mille habitants en Bretagne contre 61.7 en France)

3 cf Cahiers du SGAR

❏ un risque de désertification des campagnes assez limité, grâce aux petites villes qui dynamisent leur région environnante

❏ un patrimoine culturel riche dont le développement est encouragé

❏ un système éducatif et des services publics efficaces.

Région rebelle mais travailleuse, traditionnelle mais ouverte au monde, région dont le passé donne quelques bonnes raisons de croire en l'avenir!

GLOSSAIRE

Les mots ci-dessous sont signalés par un astérisque (*) dans le texte

Arc Atlantique: commission regroupant 26 régions de la façade atlantique européenne de l'Ecosse à l'Algarve (Portugal) dans le but de créer une coopération économique véritable entre ces régions. Ces régions ont une vocation maritime et sont périphériques par rapport au centre de l'Europe.

Argoat: mot breton désignant la Bretagne intérieure et qui signifie 'bois, forêt'. Les forêts sont moins nombreuses en Bretagne qu'autrefois mais il en reste quelques unes, notamment la fameuse forêt de Paimpont (ou Brocéliande), où persiste le souvenir du roi Arthur et de sa cour, de Merlin l'Enchanteur et de la fée Viviane. Région à vocation principalement agricole (élevage et agro-alimentaire).

Armor: mot breton qui signifie 'mer'. Cette frange littorale est la plus peuplée de Bretagne. C'est là que se sont développées les vocations maritime et touristique de la Bretagne.

Basse-Bretagne: région à l'ouest d'une ligne Saint-Brieuc/Vannes; bretonnante, elle a conservé une identité plus marquée que la Haute-Bretagne.

CELIB: *Comité d'études et de liaison des intérêts bretons.* Fondé en 1949-50, il regroupe des personnalités de tous les partis politiques et sera très actif jusqu'en 1960. C'est en grande partie son action qui fait prendre conscience du retard économique breton et des solutions à y apporter. Son influence décline dans les années 60.

Diwan **(écoles):** écoles bilingues breton-français. En breton, diwan signifie la 'sortie de terre du germe'. La première école maternelle s'est ouverte en 1977; il y a maintenant 20 écoles maternelles, 19 écoles primaires et un collège Diwan.

emsav: mot breton qui signifie réveil, mouvement et même révolte. C'est le nom du mouvement politique et culturel breton depuis le début du siècle.

FLB: *Front de Libération de la Bretagne.* Mouvement clandestin, actif surtout entre 1966 et 1978, période pendant laquelle il commit quelques attentats spectaculaires. On en parle peu aujourd'hui.

GATT: *General Agreement on tariffs and trade.* Négociations au niveau mondial pour favoriser l'expansion du commerce mondial. Lors de l'*Uruguay Round*, l'agriculture faisait pour la première fois partie des négociations, ce qui explique l'attitude très combative de la France, second exportateur mondial de produits agricoles après les Etats-Unis.

Haute-Bretagne: région à l'est de la ligne Saint-Brieuc/Vannes. On n'y parle pas breton. Dans les campagnes, il existe toujours un parler d'origine romane, le gallo, dialecte essentiellement oral.

JAC: *Jeunesse Agricole Catholique.* Ce mouvement national, issu d'une évolution plus sociale de l'Eglise catholique, est l'équivalent en milieu rural de la JOC (Jeunesse Ouvrière Catholique) et de la JEC (Jeunesse Etudiante Catholique). Née dans les années 30, la JAC influencera surtout les jeunes paysans bretons dans les années 50 en leur donnant une plus grande confiance en eux-mêmes et la fierté redécouverte du métier de paysan.

SICA: *Société d'initiative et de coopération agricole,* créée en 1961 à Saint-Pol-de-Léon afin d'organiser le marché légumier breton. Elle contrôle aujourd'hui, avec ses 4000 producteurs, 72% de la production en légumes du Nord-Finistère et commercialise ses produits sous la marque *Prince de Bretagne*.

UDB: *Union démocratique bretonne.* Parti politique de gauche créé en 1964 qui réclame plus d'autonomie dans les décisions politiques concernant la Bretagne. Il possède son propre journal *le Peuple Breton*.

QUELQUES MOTS BRETONS

Ce court glossaire donne un aperçu de quelques mots bretons qui sont utilisés couramment par tous les Bretons (comme *kenavo, bloavezh mad*), qui entrent dans la composition de noms de famille (*Le Bihan, Le Hir*), qui permettent de traduire des noms de lieux (*Morbihan*=petite mer, c'est-à-dire golfe du Morbihan) ou de plats (*kig ar farz, kouign amann*) :

aber	: estuaire	karr	: charrette
amann	: beurre	kenavo	: adieu
avel	: vent	ker	: ville
bagad	: compagnie	kig	: viande
bara	: pain	koadeg	: forêt
bed	: monde	korrig	: lutin, nain
bennozh	: merci	kouign	: gateau
berr	: court	kozh	: vieux
bloavezh	: année	kroaz	: croix
bihan	: petit	laouen	: gai
bras, meur	: grand, gros	maen-hir	: 'menhir', pierre longue
Brekilien	: Brocéliande (forêt)	mamm	: mère
Breizh-Izel	: Basse-Bretagne	mat	: bon
Breizh-Uhel	: Haute-Bretagne	menez	: montagne
Breizh-Veur	: Grande-Bretagne	mor	: mer
brezhoneg	: breton (langue)	nevez	: nouveau, neuf
bro	: pays	nozvezh vat	: bonsoir
demat	: bonjour	park	: champ
dor	: porte	penn	: tête
du	: noir	porzh	: port
enez	: île	roc'h	: roc, roche, rocher
gwenn	: blanc	ster	: rivière
gwin	: vin	stivell	: fontaine
heol	: soleil	tad	: père
hir	: long	ti	: maison
iliz	: église	traez	: sable

CHIFFRES DE *UN A DIX*
unan   daou   tri   pevar   pemp
c'hwec'h   seizh   eizh   nevez   dek

JOURS DE LA SEMAINE
lunvezh   meurzh   merc'hervezh
yaouvezh   gwener   sadorn   sul

BIBLIOGRAPHIE

BIBLIOGRAPHIE DES OUVRAGES CONSULTÉS

Abalain, H., *Destin des langues celtiques*, Ophrys, 1989

Canevet, C., *Le modèle agricole breton*, Presses Universitaires de Rennes, Rennes, 1992.

Duigou, S., *La Bretagne ayant dansé tout l'été*, Le Signor, 1979.

Ouvrage collectif, éditeur Elegoet, F., *Bretagne 2000*, Tud ha Bro Sociétés Bretonnes, Plabennec, 1986.

Ouvrage collectif, *Histoire de la Bretagne et des pays celtiques*, Skol Vreizh, (5 volumes).

Elegoet, F., Frouws, J., *Stratégies agricoles, les quotas laitiers en Bretagne, France, Hollande*, Tud ha Bro Sociétés Bretonnes, 1991.

Flatres, P., *La Bretagne*, PUF, Paris, 1986.

Lagrée, M., *Religion et culture en Bretagne*, Fayard, 1992.

Lainé, N., *Le droit à la parole*, Editions Terre de Brume, 1992.

Le Dantec, J.-P., *Bretagne*, Points, Seuil, Paris, 1990.

Le Gallo, Y., *Le Finistère de la préhistoire à nos jours*, Bordessoules, 1991.

Le Lannou, M., *La Bretagne et les Bretons*, Que sais-je?, Paris, PUF, 1978.

Martray, J., *Nous qui sommes d'Atlantique*, Terre de Brume Editions, Rennes, 1991.

———, *Vingt ans qui transformèrent la Bretagne*, Editions France-Empire, Paris, 1983.

Minois, G., *Nouvelle histoire de la Bretagne*, Fayard, 1992.

Nicolas, M., *Histoire du mouvement breton*, Syros, 1982.

———, *Le séparatisme en Bretagne*, Editions Beltan, 1986.

Nicolas, M. et Le Pihan, J. *Les Bretons et la politique*, Presses Universitaires de Rennes 2, 1988.

Phlipponneau, M., *Le modèle industriel breton 1950 - 2000*, Presses Universitaires de Rennes, Rennes, 1993.

Villermé et Benoiston de Chateauneuf, *Voyage en Bretagne en 1840 et 1841*, Tud Ha Bro Sociétés Bretonnes, 1982.

Bretagne clés en mains, Institut Culturel de Bretagne, Skol-Uhel Ar Vro, Rennes, 1988.

Réalités industrielles, Annales des mines, décembre 1989: *1960-1990 ou la naissance du style économique breton*.

'Heures Locales', *Le Monde*, novembre 1991

Johnnies du Pays de Roscoff, Skol Vreizh, Numéro 4, février 1986.

Octant, INSEE, Rennes. Numéros 45, 46, 48, 49,
Tableaux de l'économie bretonne, INSEE, Rennes, édition 1992.
Les chiffres clés, l'industrie dans les régions, Ministère de l'Industrie et du Commerce Extérieur, 1991-92.
Dictionnaire de Bretagne, Renouard, M., Méar, J., Merrien, N. Editions Ouest-France, Rennes, 1992.
La Bretagne et les nouvelles technologies, Centre de culture scientifique, technique et industrielle, Rennes.

LECTURES RECOMMANDÉES

Brekilien, Y., *Contes et légendes du pays breton*, Editions Nature et Bretagne, 1991.

Chédeville, A. et Croix, A., *Histoire de la Bretagne*, PUF, Que sais-je? 1993.

Cousin, B., *Bretagne: A l'ouest du nouveau!*, Jean Picollec, Paris, 1990.

Favereau, F., *Bretagne Contemporaine, langue, culture, identité*, Skol Vreizh, 1993.

Helias, P. J., *Le Cheval d'orgueil*, Plon, 1976.

Morvannou, F., *Le breton, jeunesse d'une vieille langue*, Presses Populaires de Bretagne, 1988.

REMERCIEMENTS

Les auteurs tiennent à remercier les personnes qui ont bien voulu sacrifier leur temps pour les recevoir:
- Anna Vari Chapalain, membre fondateur de Diwan, ex-présidente du Bureau Européen pour les langues moins répandues;
- Jean-Yves Cozan, député et vice-président du Conseil Général du Finistère;
- Michel Denis, ancien président du *Conseil Culturel de Bretagne*, professeur d'histoire à l'*Institut d'études politiques* de Rennes;
- Lukian Kergoat, directeur du département d'Etudes Celtiques à l'Université de Haute-Bretagne, Rennes;
- Brigitte Millet, responsable des relations publiques, IFREMER, Centre de Brest;
- Nolwenn Monjarret, responsable du service de communication, Brittany Ferries, Roscoff;
- Annie Roger-Guéguen, chargée de mission, Conseil Général du Finistère;
- Frédéric Soudon, directeur des relations coopératives à *Coopagri-Bretagne*, Landerneau (Nord-Finistère);
- Claude Tanguy, Roscoff, ancien *Johnny*;
- Goulven et Elizabeth Thomin, agriculteurs biologiques et producteurs de légumes, La Roche Maurice (Finistère).

De nombreux organismes officiels ont collaboré à cet ouvrage en offrant leurs publications:
- le Conseil général du Finistère;
- l'INSEE;
- le SGAR (Secrétariat général pour les affaires régionales), Préfecture Région Bretagne;
- le Comité régional du tourisme;
- l'Administration des affaires maritimes;
- l'Institut culturel de Bretagne.

Les journaux locaux ont été une source d'une valeur inestimable pour cet ouvrage, en particulier:
- Les quotidiens *Ouest-France* et *Le Télégramme de Brest*;
- *Le Peuple Breton*;
- Armor Magazine;
- Ar Men;
- Breizh e Pariz.

Crédit photos:
- M. Maurice Tristant (Quimper)
- M. Jean-Yves Kermarrec (Parc Naturel Régional d'Armorique)